あなたの知らない

意外とイケてる起業家の告白

百折不撓編集委員会

百折不撓
シリーズ

まえがき

書店に行くと、経営者が自身の哲学を書いた本がたくさん並んでいます。誰もが名前を知っている著名経営者が綴る「たぎる思いと志」には、働いていくための教訓がこれでもかこれでもかと詰め込まれています。

そこで私たちは思いつきました。

日本に存在する企業の99％は中小企業だ。中小企業が日本の経済を支えている。その中小企業の経営者はみんな「たぎる思いと志」を持っているに違いない――。

私たちの予感は的中していました。

トラブルに巻き込まれて全財産を失った後も初志貫徹して復活を果たした人、ブラック職場と言われがちな外食産業をホワイト化するために奮闘している人、相手のニーズにただただ愚直にこたえてきた人……に出会いました。

この取材記録を「百折不撓《ひゃくせつふとう》シリーズ」として刊行することにしました。

百折不撓とは、何度失敗しても志を曲げないという意味です。本シリーズは、中小企業の経営者が遭遇した困難、そこでの苦悩を、どう克服し、どう自身と会社を再生していったかのストーリーで構成していきます。

就活生や転職を考えている人が「へー、こんな会社があるんだ。就職を考えてみよう」、協業先を探している企業経営者が「この会社と組んでみよう」、起業を考えている人が「覚悟ができたぞ」などと、立場によってさまざまに味わえる本にしたいと考えています。さらに、読者と本に登場する経営者の絆が広がる空間づくりができればとも思います。

創刊号の本書は、6人の起業家の百折不撓の物語です。

最後まで堪能いただけたら幸いです。

2024年5月　百折不撓編集委員会

目次

CONTENTS

［挑戦1］

飲食業を「憧れの職業」にする

PROFILE

代表取締役社長

川島 賢

SATOSHI KAWASHIMA

1971年生まれ。高校卒業後、就職せずにフリーター生活を送る。その後、25歳で起業。カラオケ事業の再生を皮切りに、次々と不採算事業を買収・再生し、黒字化を実現。

COMPANY

株式会社

ガーデン

外食企業では７％あればよいとされる利益率を、全店舗平均で25％叩き出し、いま注目を集めている。これまで15社以上の再生を行い、「横浜家系ラーメン壱角家」「山下本気うどん」「肉寿司」などのブランドを確立してきた。

外食企業、利益率ナンバー1をめざす

7%。これは、外食企業の利益率の平均です。しかも、上場を果たしている会社です。正直、かなり低い。それにもかかわらず、飲食業界では利益率が7%あれば、よいほうだと言われています。大手飲食チェーンの中でも、10%に到達している会社は、ほんの一握りです。

一方、株式会社ガーデンの利益率は、中核事業であるラーメン事業の店舗平均を例にすると、およそ25%です。「横浜家系ラーメン壱角家」など、ガーデンのトップクラスのブランドの中には、単月約45%という数字を叩き出しているところもあります。世界中からラーメン好きが訪れる大手豚骨ラーメン店でさえ、国内店舗の利益率は5・4%です。

基本的に、私は新しく飲食店を出店する際に、30%の利益率をめざしています。そのため、ガーデンの利益率の平均値25%は、むしろ「失敗」なのです。30%で「まぁ、よい」、40%で初めて「やったな」と思います。ちなみに、一般的な飲食店は10%を出せたら「バンザイ」です。

2023年現在、日本の外食企業で、利益率ナンバー1の会社は名古屋発祥の「コメ

ダホールディングス」です。コメダ珈琲店が強い理由の一つは、フランチャイズ加盟店を全国展開していることだと考えています。フランチャイズはオーナー側が店舗開設費の一部を負担したり、店舗を拡大すればするほど商品の量産体制も整ったりと、効率的な経営ができるので、高い利益率を見込めます。２０２３年現在、コメダホールディングスの直営店は、１０００店舗以上あるうちの、およそ５％ほどです。

ですが、ガーデンは２００店舗中、フランチャイズ店は50店舗前後で、他はすべて直営店です。そのような背景があるため、業界の人に当社の利益率を話しても、なかなか信用してもらえません。

私は、高い利益率を獲得することに一切妥協しません。「冷徹」「数字の鬼」と言われても、気にしません。なぜなら、数字がこの業界を変える一つの鍵になると信じているからです。２０２５年までには、当社が外食企業で利益率第1位になると思っています。

でも、ここに行き着くまでに本当にいろんな失敗をしてきたし、「もうダメかも」と思うことだって、何度もありました。

それでも、私は自分を変えてくれた外食事業に感謝しています。今回は、そんなお話を綴れたらと思っています。

高卒、フリーター……成功する要素は何もなかった

高校を卒業後、私はのらりくらりと生きていました。定職にも就いていない、フリーターだったんです。

20歳のころ、好きな女の子がいました。あるとき、彼女が留学することになりました。引き留めたかったけど、できませんでした。後日、彼女から手紙が届きました。「もっと、広い世界を見たほうがいいんじゃないの？」と。

当時、アルバイトとは別に、知人の会社の立ち上げを手伝っていました。寝ずに仕事に取り組むことはあったけれど、いわゆる熱意なんていうものは持っていませんでした。けれども、彼女の留学、そして手紙の一件から、仕事に対する考えが変わったのを覚えています。

20代の時点で、知人の手伝いを含めると、6社ほどの起業を経験しました。医療、通信関係と、業種もさまざまです。時には、元博報堂の社員が立ち上げた、広告代理店から仕事を受注することもありました。

その代理店のつながりで、不動産会社と知り合うことになりました。そしてあるとき、

不動産会社から不採算のカラオケ店を譲り受けたんです。2000年ごろの話です。

通常、カラオケ店は機材や建物など、1億円から2億円ほどの初期投資がかかります。けれども、幸運にも私はそれを、ゼロ円で引き継ぐことになったんです。つまり、投資回収をする必要はありません。当時、周囲には「シダックス」や「ビッグエコー」など、大手カラオケチェーンが存在していました。しかし、無料でもらった店には借金がないので、大手カラオケ店より価格を下げるのも容易でしたし、売り上げは、ほとんどそのまま利益になりました。

基本的に、日中の客室使用料金はゼロ円で、深夜だけ1時間につき380円前後の料金を設定していました。ドリンクも、1杯目は無料です。そのかわり「2杯目以降も、たくさん注文してくださいね」という形で、例えば烏龍茶などのドリンクを350円ほどで提供していました。烏龍茶って、原価率が10％くらいなんです。それだけでも十分もとがとれ、経営が成り立つわけです。

しかも、人件費は自分が働いてしまえば抑えられます。お店から徒歩2分のところにアパートを借りて、朝10時くらいから、日付が変わった明け方4時くらいまで働いていました。社員は私だけ。あとは、アルバイトを雇って補っていました。

本当に単純なことしかしていないのに、引き継いだときは、毎月の売り上げが100万円程度だったのが、ひと月で300万円になり、半年後は1000万円を超えました。

その後も不採算のカラオケ店をどんどん買い取り、店を再生するビジネスで、3年間で年商10億円、10店舗まで展開するに至りました。新店舗を新たに建てるわけではなく、買い取った物件の設備や内装をそのまま利用する、いわゆる〝居抜きビジネス〟です。現在では、大手カラオケチェーンの「まねきねこ」が、同様のビジネスを展開されていますね。

こうして急成長を遂げたわけですから、世間から多少なりとも注目が集まります。そのようなとき、取引銀行からステーキ店を経営している会社を紹介されたんです。これが、ガーデンが外食事業に参入するきっかけとなりました。

事業譲受の話があった際、店へ行ったのですが、それはもうひどい状態でした。ショーケースはぼろぼろだし、掃除も徹底できていない。夜、店先の電気はついていないし、営業終了時間前に、従業員が勝手に店を閉めて、帰ってしまっていたんです（笑）。

ところが、このような状態でも、引き継ぐ前の時点で多少の黒字が出ていました。だから「損をすることはないだろう」と思い、購入を決めました。

それからは、お店はきれいにしましょう、電気はつけましょう、営業時間は守りましょうと、本当に当たり前のことをやっただけです。それだけで、このステーキチェーンは、最終的にはもともとの数字から2倍ほどの利益に成長しました。

そもそも、私は失敗しないものしかM&A（企業の合併・買収）しません。これは、創業から20年以上たった現在でも同じです。

「東京チカラめし」を即決買収

その後も、牛丼、ラーメンなど、さまざまな事業を買収し、再生していきました。インパクトがあったM&Aの一つが、当時、焼いた牛肉をご飯にのせた「焼き牛丼」で人気を博していた「東京チカラめし」の買収です。

東京チカラめしは2011年に1号店を東京の池袋にオープン後、テレビや雑誌などのメディアに取り上げられ、瞬く間に有名になりました。最盛期には134店舗にまで拡大していました。

話題性はあったのですが、訪れる客は「一見さん」ばかりで、なかなかリピーターの獲得には至っていませんでした。

M＆Aの際、売り手企業の損益計算書や貸借対照表という企業の財務状況をまとめた資料に目を通します。東京チカラめしは新規出店の際、最初の3カ月は1000万円以上の売り上げを出していました。そのため、50店舗、100店舗と、どんどん店舗展開を進めていました。けれども、5カ月後には1000万円が200万円に落ち込んでいたんです。もう、大赤字です。ガーデンが買った63店舗は、毎月の赤字がトータルで8000万円くらい出ていました。

そのため、東京チカラめしを買収すると発表したとき、取引している銀行から「あんな牛丼店を買って、どうするんですか」なんて言われました。翌日には、私の携帯電話はパンク状態です。友人、仕事関係の人、古くからの知り合い……。あらゆる人から着信やメール、LINEといったメッセージが入っていました。忙しかったので、どれも出なかったんですけれど。それほど、東京チカラめしを買収すること自体の話題性が強烈だったのです。

東京チカラめしは一等地に店を出していたので、他にも「買いたい」と名乗り出ていた会社が複数ありました。例えば、大手焼き肉チェーンの「牛角」などです。けれども、彼らはスピードが足りませんでした。

先のステーキ事業の買収の際もそうですが、私は損益計算書や貸借対照表を見て、この企業はいま、どれくらいお金に困っているのかを確認します。M&Aの話が来てから見る、というより、日頃からチェックしているため、情報は常に把握しています。

そのため、売り手企業が「3000万円で売りたい」と言っていても、「先方は2000万円に値下げしてでも売却したいはずだ」とわかれば、強引に押し通します。買って、成功しなければ、意味がありませんから。売り手企業も、たとえ3000万円が入らなくても、2000万円あれば存続できます。でも「買いません」となれば、それで終わりなんです。時々「冷たい」と言われますが、意外と「Win-Win」なんですよ。

そういうわけで、東京チカラめしも、なるべく早くお金が必要であることがわかっていました。だから「うちは、明日にでも現金で支払いますよ」と言ったんです。そうして、当社が63店舗を引き継ぐ形となりました。

けれども、そのまま牛丼店を継続するつもりはまったくありませんでした。当時、ガーデンは横浜発祥の豚骨醤油ベースのスープと、太いストレート麺が特徴の「家系ラーメン」で成功していました。トップブランドの一つ、壱角家です。

いまは移転していますが、その1号店は地下に店舗を構えていました。場所は新宿ですが、人気中華チェーンの「熱烈中華食堂日高屋」ですら、撤退したテナントでした。決して、条件はよくなかったんです。けれども、その店舗は当時から東京チカラめしの3～5倍の売り上げを出していました。この結果から「家系ラーメンは、かなり期待できる」ということがわかっていました。だから、東京チカラめしを買収したら、その跡地で壱角家を全国に一斉展開しようと思っていたんです。

牛丼とラーメンは店のつくりが似ていて、厨房やカウンターなど、改装で手を入れるところはほとんどありません。看板や壁などの表面の仕上げをちょっとだけ変えて、改装費もそれほどかけず、60店舗ほどを一気に業態転換しました。予想通り、これがうまくいき、8000万円ほどあった赤字は半年でゼロ。2023年現在は、家系ラーメン全体で年間15億円近い利益を見込んでいます。

「山下本気うどん」ヒットの裏側

「明太子が入った、白いクリームうどんとか、やってみませんか」

ある社員の発言をきっかけに、商品の大ヒットにつながったのが、2017年に再生した「山下本気うどん」です。

山下本気うどんは、元芸人のオモロー山下（現・インタビューマン山下）さんが立ち上げたうどん店です。山下さんは香川県ご出身で、名店「うどん慎」でも修業を積まれた、実力派です。そのため、当社がライセンス契約を結んだ後も、ノウハウに従い、特別な仕掛けをつくることもなく、３年ほど淡々と営業を続けていました。

ところが、あるときから、日本で大ヒットしている有名ダンスグループのみなさんが頻繁に訪れ、ＳＮＳなどで紹介してくれたんです。

同時期、当社の社員が先述の「白いクリームうどん」を発案し、「白い明太チーズクリームうどん」が誕生しました。白い明太チーズクリームうどんは、明太子と出汁を絡めたうどんの上に、それらが見えないくらいにたっぷりのクリームを絞った逸品です。これがＳＮＳでヒットし、写真を撮りたいお客様がたくさん訪れました。

さらに、同じころ、人気YouTuberも出前をよく頼んでくれるといったことも重なって、相乗効果でどんどん宣伝になりました。

ちなみに、私はあまり商品開発に口出ししません。事業部署が「おいしい」と判断すれば、それでよいと思っています。私は、数字しか見ていません。そのメニューがきちんと利益につながるのかはしっかりと確認しています。

けれども、〝素人意見〟が役に立った場面もありました。例えば、先の壱角家の例です。あるとき「スープをそれぞれの店で作るのは、やめよう」と言ったんです。ラーメン業界からすれば、少し常識外れなことかもしれません。

壱角家を手がける前にも、ラーメン事業を買収し、再生したことがありました。売り手企業は、10店舗ほどある店のスープをそれぞれの職人に作らせていました。けれども、ラーメンは職人に腕がなければ、たとえ店で一からスープを炊いてもおいしくなりません。手を抜く人だっていますし、職人が休みの日だってあります。そのため、買収した10店舗のラーメンを食べ比べてみたところ、味にムラがあったんです。腕利きの職人がいる店のラーメンはおいしいけれど、はっきり言って、まずい店もありました。

そもそも、ラーメン職人は一人前になるため、長い年月をかけた修業が必要な世界です。作る人によって味に差が出てしまうのは当然のことでしょう。職人一人ひとりを一人前にして、それをチェーン展開しようとなると、何年もかかってしまいます。1店舗ごとに作っていては、水道光熱費や、人件費も発生します。

そのため、壱角家では、〝もっとも腕のよいラーメン職人の味〟を広げられなくても、アルバイトでも再現できるような工程を開発し、味の均質化をめざしました。

飲食店を出すうえで、おいしいものを提供することは当然です。けれども、ガーデンは「隣の駅に移動してまでもお越しいただけるような店」をめざしているわけではありません。食べたいときに気軽に立ち寄れて「あそこへ行けば、いつでもあの味が楽しめる」と、安心してもらえるような店を展開しています。

そのためには、全店舗のクオリティーを統一することが欠かせません。頻繁にお越しいただくには、駅前であること、利便性がよいことも外せない条件です。このような積み重ねが、やがて「ガーデンならでは」のブランド力を高めてくれると考えています。

だからこそ、確実に一等地をとらなければいけません。東京チカラめしを、すぐに買い取ろうとしたのはそのためです。買収後、たった半年間で同店のほぼすべての店舗を、壱角家に業態転換しました。結果、壱角家はガーデンのトップブランドに成長し、飲食業界では異例の利益率単月40％を叩き出す店舗も続出しました。

こういったガーデンの状況を見て、時折、大手牛丼チェーンなどが家系ラーメンに参入しようと、新店舗をオープンさせています。けれども、なかなか店舗数が伸びていません。

理由は明白です。都内の一等地は、すでに壱角家が占めてしまっているためです。ガーデンの手法で家系ラーメンを成功させるためには、味、そして立地といったバランスを、すべて網羅しなければならないのです。もちろん、牛丼店をラーメン屋に変えるなどすれば、向こうにも勝算があるかもしれません。けれども、わざわざうまく行っている牛丼店を閉じてまで、冒険する理由はないでしょう。

東京チカラめしの買収で好立地を得たこと、そして、それを一気に家系ラーメンに変えたことで、他社が入りにくい状況ができあがったのです。

立地から考える価格戦略

高い利益率を得るためには、立地だけでなく、いかに原価を低くするかも考える必要があります。原価を抑える方法は二つあると思っていて、一つは業者との交渉、そしてもう一つは価格を上げることです。シンプルですね。

価格を上げられたら、人件費や水道光熱費の率も抑えられます。値上がり分はすべて利益となります。

一方、多くの企業はなかなか値上げに踏み切れません。価格を上げるのは、基本的に会社のトップの決断でしかないと思っています。そのような責任を、従業員がとることはできません。

値上げの際に大切なのは、何十円の差をどう決めるのかといったテクニック的なところと、タイミングです。私はこれを、カラオケ店で試すことができたのは大きかったように思います。

大手カラオケチェーンが1時間680円で打ち出していたところ、私は料金を480円に設定していました。それを380円にしてみると、客数が約2割上昇したんです。さらに280円にすると、お客様は増えたのですが、利益率は下がりました。思い切って、あるとき180円にしたところ、予想に反して客数は横ばいになりました。

ここまでは値下げの事例ですが、高くしたこともありました。380円を399円という具合です。けれども、お客様はまったく減りませんでした。19円の差で客数は変わらず、1カ月間で利益は数百万円増えました。これらの経験から、値上げ幅と時機についての感覚は身についたと思います。

そして、値上げができるところでは、ぎりぎりまで価格を上げます。当社は季節や場所によって価格を変動させるダイナミックプライシングを導入しています。ハロウィン、クリスマスといったイベント時や、渋谷や原宿など、インバウンドが多く訪れるところでは、他店舗より価格を高くします。海外からの旅行者は値段をあまり気にしないと言いますか、日本の価格はむしろ安すぎると感じると思います。そのため、このような店舗を値上げしても問題ないのです。

当然、日本に住んでいる、日頃から常連のお客様もいらっしゃいます。そのような方々は、渋谷や原宿ど真ん中の店ではなく、周辺の店舗を利用すれば少し安いということをご存じだと思います。

このようにして、当社のラーメン事業は飲食業界で驚異的な利益率平均25%という数字を叩き出しているのです。

昨今の物価高で、飲食業界に限らず、さまざまなものの値段が上がっています。ある意味、これは値上げができるチャンスでもあると考えています。

しかし、そのような中でも「当社は価格を据え置きます」という企業もあります。もちろん、それも間違いではありません。

先述しましたが、値上げのコツはいくらにするのかというのと、タイミングです。特に後者を逃し、適切でないときに価格を上げてしまったら、お客様は一気に離れます。

思い上がっていたカラオケ事業時代

ここまで、当社の戦略や利益率の高さについて散々謳ってきましたが、恥ずかしながら、潰れそうになったことは何度もありました。

忘れられないのが、カラオケ事業を始め、多店舗展開をしていたころのできごとです。不採算のカラオケ店を買い取り、その物件の設備や内装に手を加えず活用する、居抜きビジネスで利益を得ていたことは、お伝えした通りです。

当時、並行して外食事業も進めていました。カラオケだけでも年商10億円に到達していました。そのため「最年少上場を狙おうか」などと、思い上がっていたのです。

居抜きだからうまくいっていたのに、あるとき、調子に乗って、備品や内装ができていない物件までも買い取り、新規店舗をどんどん出店してしまったことがあったんです。

いまでこそ、自分なりの出店成功パターンをつかめていますが、当時はそのようなものなんてありません。すぐに資金繰りが怪しくなりました。不動産会社と新店舗の契約をしているのに、手元にお金が残っておらず「すみません、払えません」と電話をかけて、相手をフリーズさせてしまったこともあります。

このような状態ですから、資金もショート寸前でした。そのため、とにかくお金が必要だと、近くの大手銀行にアポイントも取らず、突撃しました。「私の会社は、まもなく潰れてしまいます。今月でお金がなくなるんです」と。迷惑な話です。

一般的に「潰れる」なんて言っている会社にお金を貸す銀行はありませんし、突然押しかけてきた怪しい客ならなおさら、門前払いです。ところが、担当の方は支店長につないでくださり、1億円を借りられることになったんです。

聞けば、支店長は商業高校を卒業後、すぐに働きはじめ、支店長の座にまで上り詰めた人だそうです。私も高卒です。ご自身のこれまでの苦労と、私の姿を重ね合わせてくださったのかもしれません。担当の方は「支店長は、君を助けたいらしいよ」とおっしゃっていました。

しかも、その後も支店長からお電話をいただき「1億では足りないでしょう？　もう1億、追加しようか」と、最終的には2億円を借りられる形となりました。

はじめの融資の際、支店長にかけてもらった言葉を、いまでも思い出します。

「君の原点は、不採算のカラオケ店の再生だから、まずはそこに戻りなさい。そしてこのあと、周りにお金を貸してくれそうな人がいても、絶対に借りてはいけません。そういう人は、君の会社の業績がぐんと伸びれば、途端に乗っ取ろうとしてくるから。反対に、悪くなれば、見放すのも早いんです。そういう意味では、銀行のお金が一番安い。自由に経営ができて、コントロールされることもない銀行のお金が、もっとも安全なんです」

このお話があったからこそ、私はこのあとも銀行以外からお金を借りることはありませんでした。支店長が言うように、もし、他の人からお金を借りていたら、私はいま、ガーデンにいないかもしれません。

このころ、私を助けてくださった方が、もう一人います。それは、カラオケ店の機材の貸し出しをしている、埼玉県のアルコという会社の社長です。

居抜きビジネスだったため、基本的に、買収後も店の内装には手を加えていませんでしたが、機材は常に最新のものを入れるようにしていました。ただ、購入はせず、毎月レンタルという形でお借りしていました。

取引のなかった大手銀行にお金を借りに行くくらい資金繰りが苦しかったので、少しでも支払いを待ってもらえないか相談するため、アルコにも駆け込みました。

はじめ、社長は「何をしに来たの」と笑っていました。いま思えば、社長はこの時点で、何か気づいていたのかもしれません。

私は、申し訳なさと、後ろめたい気持ちでいっぱいでした。それでも、お金が本当に足りないこと、銀行にも相談していることを伝えました。今後の収支計画をまとめた試算表も持参していました。けれども、社長は試算表を一切見ることなく、こう言いました。


「川島君、それで、あといくら足りないの?」

「どうしても、2000万円が……」

「2000万円あれば、君は助かるんだね?」

「はい……」

「いいよ、レンタル料から引いてあげる」


2000万円は、当時の価格で約8カ月分の支払額に相当します。社長からすると、入るはずだったお金が、丸々なくなります。それを、その場で即決してくださったのです。

しかも、翌年以降も、その2000万円を請求されませんでした。社長に尋ねても「応援しているよ」の一言です。

それからは、会社を大きくすることで少しでも恩返しがしたいと、経営に一層身を入れました。この2人がいなければ、いまの私はなかったと言い切れます。

リーマン・ショックで考えた、逃げ道としての「死」

こうして会社はなんとか持ち堪えたわけですが、資金ショート寸前から約3年後の2008年、リーマン・ショックが起きました。

当時、カラオケ店は20店舗、飲食店も10店舗以上に拡大していました。年商も10億から20億、そして30億と、毎年成長させていました。無理はしていないけれど、居抜きビジネスでもある程度の投資は必要となります。成長率が高かった分、銀行からの借り入れも多くなっていたタイミングでした。

リーマン・ショックが発生しても、カラオケの業績自体はそれほど悪くはありませんでした。けれども、このような景気が低迷するできごとが起きると、銀行側の財務状況が悪化しやすくなります。銀行としては、融資額を減らして自己資本率を上げ、財務状況を改善しようとします。そのため、融資の減額や取りやめ、返済期限の到来前に返済を迫るなど「貸し剥がし」が発生します。

案の定、私の会社にも降りかかってきました。

予定していたお金が入らない。でも、店舗は3年前の倍以上になっているし、従業員も増えている。順調だった会社が突如、倒産目前になったんです。

「ここまで来て、潰れる……？」

最悪の事態を想像しました。当然のことですが、経営者として倒産は絶対に避けたい。従業員に顔向けできないし、取引先にも頭を下げに行かなければなりません。それって、めちゃくちゃ格好悪い。しかも、ちょうど両親に家を建ててあげたタイミングだったんです。喜んでくれた親に「家を出てください」とは、到底言えません。

選択肢の一つとして、利益が出ている店舗を売るというものもありました。一時的にしのげることはわかっていても、それもしたくないと思っていました。これまで10億、20億、30億と元気のあった会社のよい店舗だけ売って、残りを細々と経営するなんて、これまた格好がつきません。器用な人であれば、一度手放しても他業種で再起業し、成功を収めることも可能でしょう。ですが、私が他のことをできるほど万能でないことは、自分自身が一番よくわかっていました。

既存の銀行からは絶対に借り入れができないし、これ以上話をしても無駄なことも理解していました。周りの経営者も、みんな苦しんでいたときでした。知人からお金を借りることもできません。

「もうダメだ」「ここまでなんだ」と、それからはすっかり、酒浸りになってしまいました。とにかく「嫌」なことだらけだったんです。

自分には、死亡保険をかけていました。実際に、「死」が頭をよぎることもありました。当時、住んでいた新宿のマンションの10階から外をのぞき、シミュレーションもしました。ただそれは、楽な道なんです。一瞬で、すべてから解放されますから。

その次の瞬間には、酒浸りになりながらも「倒産しない方法」と、インターネットで検索していました。酒、シミュレーション、検索……。毎日、毎日、それらの繰り返しです。

そうして1週間ほど過ごしました。しかし、いくら考えても、やはり銀行に頼ることしか、生き残る選択肢はありませんでした。時間は、残りわずかです。できることは、とにかく実行するしかない。

それからは、日本全国の銀行に片端から電話をかけはじめました。会えるところには、直接会いに行きました。地方銀行の状況なども調べ、お金を貸してくれそうな銀行をいくつか見つけられました。そのころには「この方法なら、いける」という感触もつかんでいました。

そのとき、必要なのは2億円でした。3年前の、資金ショート寸前のときと、同じですね。100行以上の銀行に電話をかけました。

結果的に、7行からお金を集めることができました。それぞれの貸付額は大きな金額ではありませんでしたが、合計金額は3億円にのぼりました。

もともとの業績はよかったので、3億円も集まれば、メインバンクも動いてくれることはわかっていました。その思惑は予想通りとなり、こうしてガーデンは再び一命を取り留めたのです。

むしろ追い風となったコロナ禍

2013年、私は社長を退き、会長になりました。社長を続ける目的を、一度見失ってしまったんです。ところが、その後会社が傾いてしまい、2019年に再び社長に戻りました。今度は、自社の再生です。

その翌年、新型コロナウイルスのパンデミックが日本を襲いました。日本中の飲食店が打撃を受け、もちろん、当社も影響がなかったわけではありません。

けれども、従業員の給料を減らすことはありませんでしたし、その時期でも、例年通り賞与も出していました。コロナ禍の中、ボーナスが支給された外食企業は、かなり稀だと思います。

この理由の一つが、自社を再生する際に、大幅なコストカットをしたことだと考えています。本社も2フロアあったのを1フロアにしましたし、取引先との取引内容も見直しました。私が会長になっていたころ、後任の社長には秘書や専属の運転手もいましたが、そういうのはすべてなしにして、自分のことは自分でやりましょうというスタンスに変更しました。

コストカットと聞くと、従業員は不安になると思います。自分たちの給料が減ってしまうのではないか、さまざまな制限が設けられ、働きにくくなるのではないか……。けれども、決してそのようなことはありません。赤字だった会社が黒字になれば、それは丸々利益となります。利益が発生すれば、給与や賞与という形で、ダイレクトに従業員に還元できます。

実際、コストカットを始めて間もないころは、社内の雰囲気が少しギクシャクしていました。ところが、会社が黒字化し、それがボーナスという形で返ってくると、従業員の意識も自然と高まっていきました。最近では、お手洗いのペーパータオルに「1枚あたり、0・5円。使用は2枚まで」というような文言が貼り出されています。私が指示したわけではなく、従業員が自主的に始めたことの一つです。

なお、当社は年間あたりの交際費は、ほぼゼロ円です。もちろん私も、交際費を使用することはありません。社内外問わずよく「社長は交際費をいくら使っていますか?」と聞かれるのですが、そのたびに「ゼロ円です」と答え、「えぇ!」と相手を驚かせています。従業員も頑張ってくれているので、当然のことだと思っています。

このような風土ですから、日本中の飲食店が苦しんでいたコロナ禍の間も、それぞれが無駄を省きました。原価調整なども一層進めました。そのおかげで、よりコスト意識の強い会社になりました。

実は、コロナ禍前に黒字化したタイミングで、賞与をぐっと引き上げていました。社内の体制が整ったことで、コロナ禍中も、それを維持することができました。繰り返しになりますが、給与もカットしていません。

飲食業界に「刺さる」ことを願って

一般的に、多くの外食企業では、得た利益を店の投資に回しがちです。けれども、私はそれではダメだと感じています。なぜなら、従業員の状況が一向によくならないからです。飲食業界だけに限らず「お客様を大切にしましょう」と掲げている企業があります。はっきり言って、きれいごとだと思っています。そのため、ガーデンでは日頃から「お客様を大切にするのではなく、まずは自分を大切にしなさい」と伝えています。

冷静に考えてみてください。自分の給料が安くて、職場環境もよくない状況で、本当にお客様を大切にできると思いますか。反対に、お客様だけのほうを向いて、従業員が疲弊している企業は、果たして健全でしょうか。

外食事業に参入した当初から、私はずっと疑問に思っていました。多くの飲食店で、ブラックな職場環境がまかり通っていたり、業績がよくても、従業員が疲れ切っていたり、それでいて、その状況を誰もが当たり前だと考えている。

私は、商品開発といった部分は現場に任せています。しかし、数字、つまり、儲けを出すことにはとことんこだわります。なぜなら、利益が出ないことには従業員の給与も上げられないし、賞与も出せないからです。

　昨今はＳＤＧｓなど社会的意義が叫ばれていますが、そのような〝いいこと〟をするのは、利益が出てからの話です。利益率が上がることで、従業員の待遇もよくなるし、そこまで到達して初めて、社会に貢献もできる。あくまで数字ありきなんです。数字が出せないと、誰も幸せになれません。

　私が思い切って値上げに踏み切るのも、このためです。数字という結果が出ることで、従業員の待遇や職場環境が整い、本当の意味でお客様を大切にできます。お客様に喜んでもらおう、よいサービスを提供しよう、おいしいメニューを開発しよう……。すべて、後からついてくるものなのです。

　うれしいことに、最近ではよい循環ができています。会社が成長を続けることで、年収１０００万円を超える従業員も増えました。新入社員も、人によっては賞与だけでも年間１００万円以上出る人もいます。

　働く環境も、ずいぶん整いました。子どもを育てながら勤める従業員もたくさんいます。そのため、当社では子育て支援策や、子ども手当なども導入しています。そのほかにも、月に１回「プレミアムワークデー」というものを設けており、その日は15時くらいに帰ってもよいことにしています。

給与やこのような制度を充実させることで、従業員が自ら、新たな人材を紹介してくれるケースも増えました。そのため、当社では採用にかける費用はごくわずかです。

これまで、たくさんの会社を買収し、再生を行ってきました。私にとって、M&Aは仕事というより趣味です。「次はどこを買おうかな」と、常に情報をチェックしていますから、実際に話が舞い込んだ際に、迷うことはありません。東京チカラめしのときもすでに財務状況は把握していました。だから、その時点で何通りもの再生方法が、頭に浮かんでいたんです。

M&Aを行う際、そこに費やす労力は、大きい企業でも、小さい会社でも変わりません。既存事業を立て直すにしても、業態転換をするにしても、一から会社を立ち上げるのと同じくらい、体力がいる作業です。買収先の従業員のケアや、モチベーションアップも欠かせません。

ガーデンは買収した企業の従業員を一人も解雇せず、すべての人を引き継いでいます。そのとき、たいていの従業員は「買収しやがって、この野郎」と言わんばかりに、私に反発してきます。悔しい気持ちがあるのだと思います。

けれども、その後、会社の業績がよくなると、従業員の顔つきがみるみる変わっていきます。疲弊していた従業員たちが、目に見えて、みんな元気になっていくんです。この過程を見られるのが、M＆Aの最大の醍醐味です。

この仕事をしていて、もっともうれしいと感じる瞬間は、従業員が成長したときです。私は、人は必ず変われると思っています。「ダメだな」と感じるような従業員でも、ずっと言い続けるんです。１００回とか、２００回で諦めてはいけません。１０００回、２０００回以上繰り返し伝える必要があります。途中でやめてしまったら、そこで終わりなんです。言い続けていたら、その人にとって「刺さる」タイミングというものが必ず訪れます。これも、社長の務めだと思っています。

そのため、メールや業務報告書に対する返信を毎日3〜5時間かけて行っています。こちらが本気で見ていれば、相手も真剣に報告してくれます。こうして同じ従業員と20年以上やりとりを続けていたら、報告時間や句読点の違いだけで、従業員の状態がわかるようになります。「言われすぎて、へこんでいるな」とか、毎朝10時までに報告をくれる従業員が、ある日は10時をすぎて送ってきたら「昨日は飲みに行ったんだな」とか（笑）。

カラオケ店を始めたころ、M&Aに対する動機は、単純かつ不純なものでした。遊んで暮らしたい。いい家に住みたい。「すごい」と認められたい……。2000年代当時はライブドアの堀江貴文さんや、サイバーエージェントの創業者である藤田晋さんなど、現在でも著名な方々が脚光を浴びていました。「ヒルズ族」という、六本木ヒルズに住んでいる人や、そこにオフィスを置く企業の代表者、つまり「セレブ」を指す言葉があったのも、このころですね。

そのような人と比べて、劣等感を感じることもたくさんありました。焦ることも、しょっちゅうです。周囲の人に「従業員が成長してくれないから、会社が伸びない」なんて愚痴をこぼしたことも覚えています。そのとき、ある人に「ダメなのは、あなた」と言われ、むっとしていました。いまなら、この言葉の真意を理解できます。

現在は、他社がどれだけ成長したからといって、そんなふうになりたいだとか、「どうしてうちは……」といった感情を持つことはありません。自分はこの会社で何ができるのか、従業員にどう還元していけるのか、ガーデンの目標や着地点だけを見ているので、そこに向かって進むのみです。

最近、従業員から「一番変わったのは、社長だよね」と言われます。子どもも生まれたので、丸くなったのかもしれませんね。

私は、外食事業に心から感謝しています。この業界に関われたからこそ、従業員に給与を支払えるし、職場環境もよくできたし、いまの私があります。つまり、私は外食事業に生かされているんです。

とは言うものの、世の中のイメージはまだまだ「飲食業界＝ブラック」です。従業員の待遇改善が、この業界の社会課題です。だからこそ、利益を出して従業員に還元し、みんなが幸せになれるような会社をガーデンがつくりたい。そして、そのよい循環を広げられたら、と思っています。それが、私なりのこの業界への恩返しです。

いま、当社は２０３０年までに上場し、時価総額１兆円になることを目標にしています。外食業界上位には、日本マクドナルドや「すき家」や「なか卯」のゼンショーホールディングスなどがひしめきあっています。そんな有名企業と肩を並べるという目標に対して、「ふざけたことを言っている」と思う人もいるかもしれません。

けれども、そこに到達する方法や道筋は、すでに頭の中に描かれています。あとは、自分、そして従業員を信じて突き進むだけです。

［挑戦2］

「好き」で日本を元気にする

PROFILE

代表取締役社長

山本 拓三

TAKUZO YAMAMOTO

1977年生まれ。大学卒業後、商社、不動産会社を経て独立。大赤字のベーカリーを買い取り、行列のできる人気カフェに育て上げた。

COMPANY

株式会社

日と々と

若い女性を中心に大ブームを巻き起こした「パンとエスプレッソと」「フツウニフルウツ」などのブランドを多数立ち上げる。2024年現在、インスタグラムのフォロワー総数は、直営店だけで14万人以上。

高級食パンブームの先駆けだった

「うちのパンは、絶対に売れる」

そう信じていたからこそ、たとえ毎月１００万円以上の赤字が出ていても、突き進んでこられたのだと思います。

日本で「高級食パン」ブームが起きて、久しいですね。耳までしっとりやわらかく、とろけるような甘みと口どけが特徴の、少しリッチな食パンです。「乃が美」や「銀座に志かわ」など、一度は目にしたことがある方もいるかもしれません。２０１３年にセブン-イレブンが発売した「金の食パン」が火付け役と言われています。

実は、その前から販売していたのが、「株式会社日と々と」のカフェ「パンとエスプレッソと」で取り扱っている「ムー」という食パンです。ムーはフランス語で「やわらかい」を意味します。

ムーは当社のパン職人、櫻井正二が材料の配合を間違ったことがきっかけで誕生しました。そのため、通常のパンと比較して、とんでもない量のバターが含まれています。それが、手に取るだけで潰れてしまいそうなふんわりした仕上がりと、独特のもちもち食感、バターの香りが後を引く、芳醇な味わいを生み出しています。現在は、当社の看板商品の一つです。

いまでこそ、水分量を多く含んだ食パンはたくさんあります。でも、当店のムーは２０09年から販売を始めているので、草分け的な存在だったのかな、と思っています。

そんなムーをひと晩、卵液に浸し、パン用のオーブンでじっくり焼き上げる「鉄板フレンチトースト」も人気商品です。ムーはとてもきめが細かいので、時間をかけないと卵液が染み込みません。じっくり味を浸透させることで、外はカリッと、中はとろとろのカスタードクリームのような状態になります。

15時から提供を開始しているのですが、スタート前からたくさんのお客様で行列ができてしまうことがあります。このフレンチトーストがヒットしたとき、店舗によっては、整理券を配布していました。ところが、お客様がつめかけ、15時前には券がなくなってしまうこともしょっちゅうでした。

当社は、特に女性のお客様に多くご利用いただいています。インスタグラムで「#パンとエスプレッソと」を検索すると、２０２４年現在で、14万件以上の写真が投稿されています。フレンチトーストと、自家焙煎しているコーヒーを一緒に写真に撮って、インスタグラムに上げてくださるお客様もいらっしゃいます。

ありがたいことに、テレビや雑誌など、さまざまなメディアにも取り上げられています。京都・嵐山にある店舗では、紅葉などのハイシーズン時は、パンとコーヒーだけで200万円を売り上げる月もあります。

安泰なサラリーマン生活から1億円の借金

現在ではたくさんの方にお越しいただけるようになったパンとエスプレッソとは当初、本当に大赤字続きの、超不採算事業でした。

もともと、僕は不動産会社で働いていました。その会社では飲食事業も手がけていて、パンとエスプレッソとの前身となるベーカリー（東京・日本橋）も、その一つでした。

そのころから、ずうっと赤字が続いていたんです。本業の不動産業では利益が出ていたので、それで補填しながらベーカリーの運営を続けていました。

とは言うものの、会社として、その状況を放置するわけにはいきません。僕は当時、経理部門の責任者でした。事業を撤退させるかどうかの判断をするのも、僕の仕事でした。これ以上赤字を出し続けるわけにもいかないので、あるとき、そのベーカリーを閉店しようと思ったんです。

けれども、僕はそのころ大阪にいたので、それまでそのベーカリーのパンを食べたことはありませんでした。味を知らないのに、一方的に「もう店を閉めろ」と言うのもどうかと思い、一度、礼儀として東京にパンを食べに行ったんです。これが、ムーの生みの親、櫻井と出会うきっかけでした。

で、そのパンがびっくりするくらいおいしかった。僕はパン職人でも、ものすごく食通というわけでもないのですが、パンの歯切れのよさ、噛むほどに広がる味わいは、これまで体験したことのないものでした。「これ、場所が合っていないだけで、認知さえ広がれば売れるんじゃないの？」。そう思ったんです。

このできごとがきっかけで、その後、しばらく店を存続させますが、結局、経営は上向かず、ベーカリーは閉店となりました。３０００万円かけてリースした製パン用機材など、借金だけが残ってしまいました。

お金は返さなくちゃいけないし、働いていた従業員だって職を失うことになります。そこで、いったん東京の表参道付近に新しいコンセプトのカフェをオープンさせることにしました。たまたま、自社の東京オフィスの１階が空いていたんです。２００９年、パンとエスプレッソとの始まりです。

結論を言うと、パンとエスプレッソと1号店はうまくいきませんでした。でも、再起動までして、解散するのも無責任です。「うちのパンは、絶対売れる」と信じて、僕が外食事業を買い取る形で、会社から独立しました。30代にして、1億円の借金を背負うことになりました。

赤字から一転した「パンとエスプレッソと」

基本的に、僕はメニュー開発や店舗で使う食器など、お店の個性になるところはそこで働くスタッフに任せています。あまり口出しせず、自由に運営してもらったほうが、スタッフのモチベーションも上がりますし、よいアイデアも出ます。スタッフそれぞれが「自分ごと化」できるので、お店の状態もよくなると考えています。

だから、パンとエスプレッソと1号店に対しても、メニューのことは口出ししていませんでした。でも、ずっと赤字が続くとなると、話は別です。2009年のオープン当初、パンとエスプレッソとは毎月の赤字が100万円ほどありましたし、月によっては200万円を超えることもありました。このままじゃ、さすがにまずい。

そのころ、パンとエスプレッソとは、パンだけでなくスープやサラダなどの惣菜を取り扱っていました。夜遅くまで営業し、「ベーカリー＆バール」という側面がありました。メニュー数が多ければ、仕込みにも時間がかかり、食材のロスも出やすくなります。

そこで、惣菜類はすべて廃止し、メニューもパンだけに絞ってもらいました。夜の営業も、取りやめました。赤字が続くと、好きなことをする以前に、そもそもお店を存続できませんから。

その後、経営は少しずつ回復したものの、２０１１年に東日本大震災が起きました。独立する際に一緒に買い取っていた大阪のお店は黒字化していましたが、東京の店舗は震災の影響を受け、まだまだマイナスでした。毎月の赤字は、50万〜１００万円の間を推移していました。このころ、僕は無給で働いていました。

赤字を補えるほどではありませんでしたが、看板商品のムーはそのときからよく売れていました。起死回生をねらって、ワゴン車にムーを大量に積みこみ、移動販売をすることもありました。ほとんど売れませんでしたが、とにかく、必死だったんです。

このような中、パンとエスプレッソとの運命を変えるようなできごとがありました。２０１２年、伊勢丹新宿店での催事出店が決まったのです。

1週間ほどの会期の催事には、たくさんのベーカリーが出店していました。その中でも、パンとエスプレッソとは初出店ということもあり、予想以上の売れ行きでした。ありがたいことに、初日から欠品商品が続出しました。そして、2日目には生産能力が追いつかなくなりました。

そこで、3日目には、販売商品をムーに絞り、ムーだけをずらりと店頭に並べました。図らず〝専門店〟のようになってしまったのですが、当時はそのようなお店はめずらしく、キューブ型の食パンが一面に並ぶ様子は、ある意味圧巻だったようです。いろいろなパンを並べるよりインパクトがあったため、その光景が話題になりました。

パンとエスプレッソとは当初、不動産会社が運営母体だったので、内装やインテリアなどには工夫を凝らしていました。購入したパンを詰めるショッパーもデザイン性の高いものを採用しています。白い紙袋に大きく店名を印刷し、赤と白の紐を使った持ち手をあしらったデザインは、デザイナーたちが注目する「ADC賞」を受賞しました。

伊勢丹の催事で爆発的にパンが売れたため、たくさんのお客様がその紙袋を持ち帰ります。すると、会場内外で「あの袋は何？」「かわいい！」「どこで買えるの？」と宣伝になり、雪だるま式にお客様が増えていきました。商品をいくら追加しても、すぐに売れてしまいました。急遽、ピザ屋さんのようなバイクを借りてムーを詰め込み、表参道の店舗と会場のある新宿を1日に何回も往復しました。その間も、店のオープンはずっと稼働している状態です。毎月50万～１００万円の赤字を出していたベーカリーが、１日あたり30万～40万円を売り上げていたのです。

この伊勢丹新宿店の催事後には、パンとエスプレッソとにとってうれしいできごとの連鎖が起きました。

あるときは、お笑い芸人さんやアイドルグループがテレビで「パンとエスプレッソとは、すごくおいしい」と発言してくれました。翌日には、ファンの方でお店がいっぱいになりました。

またあるときは、表参道を一歩裏手に入ったところに、デンマークの雑貨店「フライングタイガー コペンハーゲン」がオープンしました。フライングタイガーは、日本1号店となる大阪のアメリカ村ストアができたとき、想定以上に人が集まって臨時休業となったくらい人気のお店です。表参道ストアも人だかりで、整理券が配られていました。

実は、この近くにパンとエスプレッソとの店舗があります。整理券を受け取った後、カフェで時間を潰そうとするお客様がたくさん来店し、これまで当社を知らなかった人も、パンとエスプレッソとを認知してもらうきっかけになりました。

その後、マガジンハウスの人気雑誌『& Premium』の食パン特集に、当社のムーが掲載されたり、テレビで鉄板フレンチトーストが取り上げられたりしました。フレンチトーストがSNSでバズったのも、このころです。

「あぁ、やっとだ」。そんなふうに思ったのを、いまでも鮮明に覚えています。お店がヒットしたことで赤字から黒字に転じ、毎月40万〜50万円くらいの利益が出るまでに経営が上向きました。ようやく僕自身にも、給料を払えるようになりました。

黒字になるにつれ、離れていくスタッフ

商品がヒットし、パンとエスプレッソとの認知は広まったものの、経営状態は決してよいとは言えませんでした。店が忙しくなるにつれ、スタッフと僕との間に埋まらない溝ができてしまったのです。

事件は、伊勢丹新宿店の催事期間中に起きました。場所は表参道店舗（1号店）の控室、時間は深夜の3時ごろでした。

「いったい、いつまでやるんですか！」

当時の店長が突然、パンの袋詰め作業をしていた僕に対して、怒鳴ってきたのです。催事中、店は地獄のような状態でした。

飛ぶようにパンが売れ、店長は朝早くから夜遅くまで頑張ってくれていました。スタッフも常にフル稼働。もちろん、僕にも申し訳ない気持ちはありました。オープン当初から働いてくれていたスタッフは、僕に対してたくさんの不満を抱えていました。

過去に、バールからベーカリー一本に絞ったとき、毎月100万～200万円ほど出ていた赤字は、20万～30万円くらいに抑えられました。行列ができることはなくても、パンとエスプレッソとは「知る人ぞ知る」お店で、コアなファンはついていました。だから、スタッフとしては200万円の大赤字の時代よりは売れている感覚もあっただろうし、「もう十分にがんばっているではないか」という気持ちだったのでしょう。

けれども、経営者としては黒字化をめざさないわけにはいきません。少しでも売り上げを伸ばそうと、先述のように、移動販売車などを駆使して、ムーを広めようとしていました。でも、思うように売れず、結局店に持ち帰り、スタッフに「ごめんね、これも、売ってね」と頭を下げていました。

そんなあるとき、スタッフの間で「お店に置いておけば売れるムーを、どうして持ち出すんだ」「何をやっているんだ、あの人は」と不平が出ているのを耳にしました。スタッフにとって僕は、時間と商品のロスを増やすやっかいな存在だったのです。このころ、3、4人のスタッフが一度に辞めてしまいました。

そして、伊勢丹の催事です。地獄のような忙しさが引き金となり、スタッフの憤りは頂点に到達しました。「もう、パンを焼きたくない」「お店だけで十分売れているのに、どうしてこんなにしんどいことをさせるの?」と非難ごうごうです。結果、当時の店長が、催事終了後に退職してしまいました。

過酷だっただけでなく、ヒットしたことで「パンとエスプレッソとが、変わってしまった」「昔の、知る人ぞ知る店のままでいたかった」と感じた人も多かったようです。いまも、昔も、パンとエスプレッソとには「このお店が好き」というスタッフが集まってくれています。流行や、食に対する感度が高い人も多いです。特に、オープン当初は「パンとエスプレッソとは、こうあるべきだ」と考えるスタッフの割合が高かったように思います。僕自身も、ハウスルールのようなものを押し付けてしまうことがありました。

だからこそ、お店の名が知れて、いろんなお客様が来ることを避けたがるスタッフがいました。時には「モード系のファッション誌には出るけれど、ギャル系の雑誌には出ない」

と、僕の知らない間に取材を断っていたこともありました。

事業には、さまざまなフェーズが訪れると思っています。最近でも、パンとエスプレッソとが多店舗展開していることに、反対しているスタッフがいます。〝チェーン展開〟すると、クオリティーが下がってしまうような気がするのでしょう。

このようなとき、根気よく伝えていくしかないと思っています。事業として黒字化しなければ、僕たちはご飯を食べていけないということ。売りたいものを売るためには、まずは売れるものをつくっていかなければならないこと。こだわりややりたいことは、利益が出てから追求しても遅くないということ。多店舗展開しても、本当においしいパンとコーヒーを提供していれば、お客様はわかってくれるということ。

これは、いまでもスタッフに言い続けています。

パン職人、台湾で軟禁される

少子化など、さまざまな要因から、今後、日本だけでビジネスを拡大していくのは難しいと思っています。そのため、僕はずっと、海外進出を視野に入れていました。

初めに上陸をめざしていたのは、中国です。ですが、法的な問題があり、中国での会社設立は難しいことがわかりました。そこで、次にねらいを定めたのが台湾でした。たまたま、台湾の投資家と知り合ったのも理由でした。２０１３年当時、「台湾はこれからもっと伸びる」と言われ、Ｗｉ－Ｆｉなどのテクノロジーは日本よりはるかに進んでいました。勤勉な人も多く「いずれ、日本は抜かれてしまうんだろうな」と感じていました。

そうして進出した台湾1号店は、大繁盛しました。気になる点と言えば、投資家から紹介されたオーナーが少し気難しい人だったことに加え、言葉の壁があって意思疎通がうまくいかなかったことぐらいです。でもこのことが、後に大惨事を招くとは……。そのころの僕はみじんも思っていませんでした。

突然ですが、台湾はトイレットペーパーをトイレに流すことができないところが多いんです。水の流れが弱かったり、ペーパーも水溶性でないものが主流だったりで、流すと詰まってしまうからです。そのため、トイレ内には使用したペーパーを捨てるための、大きなゴミ箱が設置されていました。

お店が忙しくなると、ついついペーパー用のゴミ箱がいっぱいになってしまいます。もちろん、それは衛生的によくないのですが、オーナーはそのようなときにスタッフを呼びつけ、お客様の前で思い切り叱責していたようです。しかも、たくさんのお客様が注文やメニューのサーブを待っているときにも、スタッフを怒鳴りつけていたというのです。

当然、そこで働く人には不満がたまります。僕宛てにもしょっちゅう、苦情を訴えるメールが届きました。台湾を訪れた際、僕はオーナーに対し、そのような振る舞いは控えるよう伝えましたが、うまく伝わらずあまり改善されませんでした。お店は繁盛しているのに、職場環境が整いませんでした。オーナーとの意思疎通がうまくいかず、スタッフ教育も不十分でした。そのような中、オーナーが現地の大手百貨店との契約を取り付け、新店舗進出を勧めてきたのです。

路面店と百貨店が異なる点は、客層、そして営業時間です。路面店ではお店が自由に営業時間や休業日を決められますが、百貨店の営業時間に合わせないといけません。

業務に慣れたスタッフが少ない中で、強引に百貨店進出を決められてしまい、スタッフはさらに疲弊してしまいました。仕事も覚えきっていない状態で百貨店にも駆り出され、どんどん辞める人が出てしまったのです。結果、人手不足となり、繁盛している1号店を閉めて、残っているスタッフ全員を百貨店に充てるしか方法がなくなってしまいました。

しかも、その百貨店は客数も多くなく、あまり売り上げは伸びませんでした。さらに、1号店がなくなってしまったので「あの店は、撤退したんだ」という評判が立ってしまったようです。パンとエスプレッソとを、探して来店してくれる人もいなくなりました。ただでさえ少なかった百貨店への客足が、みるみるうちに減ってしまったのです。

そうなると、オーナーは「どうなっているんだ」と言いはじめます。私が何を言っても、聞く耳を持ってくれません。

スタッフ教育以外にも、うまく折り合いがつかないことがありました。それは、ムーの販売をめぐってです。

お伝えした通り、ムーはバターをたっぷり含んでいるため、焼く前の生地はべたべたの状態です。最終的に、きれいな正方形に焼き上げるまでの工程には、かなりの技術が必要です。当社も過去に、ムーを量産できるようにしようと、さまざまな機械メーカーにかけ合ったのですが、いまある機械では難しいことがわかりました。水分量を多く含む生地は、ベルトコンベアーに乗せるとへばりついてしまうため、オートメーション化できないのです。生地を冷凍して保存しておくなど、考えられる手立ては試しましたが、繊細なムーの生地は扱いが難しく、量産することは当時の技術では叶いませんでした。

まさに職人技の世界なのです。

でも、台湾人オーナーは理解してくれませんでした。「ムーをもっと売れ」「機械でも冷凍生地でもなんでもいいから、量産しろ」の一点張りです。できない理由を伝えても、「わざと売り上げを伸ばさないようにしている」「嫌がらせか」と言いだす始末です。

さらに困ったことが起きました。

台湾には、当社のナンバー2のパン職人を派遣していました。基本的に、台湾のお店でパンを焼いていたのは、彼でした。

あろうことか、オーナーが「売り上げが戻らないなら、パン職人を帰さない」と言いはじめたのです。そのころ、彼は体調を崩していて「一度日本に戻りたい」と訴えていたのですが、決して許してくれませんでした。

さすがに、頭にきました。もう撤退しようと決めた僕は、パン職人を取り返しに台湾へ向かいました。通された会議室で、パン職人はオーナー側の椅子に座らされていました。

そのときの話し合いも、ひどいものでした。

「何なんだ、詐欺か。わざと売り上げを落として、嫌がらせをしているのか」

「真剣に取り組んだ結果です。百貨店への進出も、スタッフが育っていない段階では、無謀だったと思います。せっかく入ったスタッフも、厳しすぎるから、みんな辞めてしまうんです」

「台湾に技術を落としたくないから、職人の技を隠しているんだろう。だから、スタッフにもそれを教えないんだろう」

「僕たちは、日本式の繊細なパンで勝負しています。入ったばかりのスタッフがいくら頑張っても、すぐにそのパンを作ることはできないんです」

「いや、詐欺だ。お前は、何かを隠しているんだ」

キリがありません。僕は、その場でパン職人を連れ出し、台湾を後にしました。パン職人がいなくなった後、オーナーは百貨店の店舗も撤退せざるを得なくなりました。

「お前はふざけている」

その後、韓国、香港にも進出しましたが、うまくいきませんでした。

韓国でも、オーナーとの関係がこじれてしまいました。オーナーは、こちらから送り込んだスタッフや現地で雇った人は「信用できない」と、自身の家族を働かせていました。そのため、台湾のときと同様に、スタッフへの風当たりが強く、どんどん退職者が出てしまいました。その結果、売り上げが低迷し、フランチャイズ費用の支払いも滞りました。

当社から「パンとエスプレッソとの看板を下ろしてください」と言っても、無視して営業を続けていました。

香港はそのような問題はなかったのですが、一等地に店を出しているにもかかわらず、現地のオーナーが価格を安くしすぎてしまいました。もちろん、こちらからも価格の提案はしましたが、香港のオーナーは、表参道の店が本当に好きで「その価格帯と、雰囲気を香港で再現したい」とのことでした。やはり、利益がうまく出ず、２年で撤退となりました。ただ、香港は〝円満撤退〟だったということは、付け加えておきます。

このような失敗を繰り返した結果、当社には莫大な損失が残りました。額にして、１億円近くありました。また、お金がない会社に逆戻りしてしまったのです。

僕は起死回生の策に出ました。それは、会社を上場企業に売ろうという決断です。僕は、売却先の子会社の社長となりました。出店計画などの代表権は、変わらず僕が持つという契約で、お金を借りるときは、親会社の決済が必要にはなりますが、運営はこれまで通り行えるという約束でした。

上場企業の傘下に入ったのは、もう一つねらいがありました。

海外進出の経験から、「うちの会社は契約書まわりなど、会社の本部機能が極めて弱い」と感じていました。お察しの通り、トラブルが続出しても、戦える人がいなかったのです。

そこで、そのような体制をイチからつくるより、すでにできあがっている会社の傘下に入ったほうが早いと考えたんです。

そのほかにも、メリットがありました。飲食業界というと、ブラックな就業形態が多いというのが実際です。けれども、上場企業の傘下に入れば、コンプライアンスなどが厳しく求められます。そのため、当社もホワイト企業に生まれ変われたのです。職場環境が整うことで、残業時間が減り、休日も増えました。

ただ、子会社になるということは、決してよい面ばかりではありませんでした。

新たに出店するとなると、当然、役員会を通さなければいけません。そのたびに、親会社の役員へ向けて、僕は説明資料を作りました。大きな投資だけでなく、5万円前後の設備購入ですら、お伺いを立てなければなりませんでした。「もう、嫌だ」と思ったのが、2016年にフルーツサンドの専門店を出そうとしたときです。

「フツウニフルウツ」という店名で、稟議に上げました。店の場所は、代官山。駐車場の管理人室のようなスペースを借りるだけで、家賃はひと月10万円ほど、かかる投資費用も200万〜300万円程度です。これが、役員会でめちゃくちゃに叩かれました。

「フルーツサンドなんて誰が食べるんだ」

「400円で出すと言っているが、サンドイッチの値段にしては、高すぎる」

『『フツウニフルウツ』という名前も、意味がわからない」

「おもしろくない。ふざけている」……。

そのころ、フルーツサンド専門店はあまりありませんでした。せめて、サンドイッチ店にしろと言われましたが、代官山にすでにたくさんあるサンドイッチ店を出しても、ヒットするとは思えませんでした。それに、みんな気づいていないだけで、フルーツサンドって、普通においしいですし。ですが、当時の役員の方々には、この感覚を理解してもらえませんでした。少ない投資案件の提案でここまで言われる必要があるのかと、とても悔しく思ったのを覚えています。最終的には、無理やり押し通す形で出店を決めました。

ところが、これが大当たり。SNSではたくさんの写真がアップされ、連日、メディアでも取り上げられました。サンドイッチの断面から鮮やかなフルーツが顔をのぞかせる様子は、多くの人の目を惹きつけました。いまでこそ、さまざまなお店がフルーツサンドに力を入れていますが、当時はめずらしい存在だったのです。

売れたとなると親会社も広報活動に勤しんでいました。

うれしい反面、少しムッとしつつも、フツウニフルウツのヒットは、僕に自信を与えてくれました。「パンとエスプレッソとにしがみつかなくても、やっていける」……。いま思えば、これが転機だったのかもしれません。

これを機に、その会社を去ろうと決意しました。子会社になってからまだ1年も経っていなかったので、親会社とはかなり話し合いました。パン職人の櫻井も、僕に同意してくれました。「また、一から2人で会社を立ち上げよう」なんて話をしていました。

櫻井は、パンとエスプレッソとにとって〝象徴〟のような存在です。彼が会社を辞めるとなると、残されたスタッフを統率することは、おそらく難しくなります。

だから、僕に続いて櫻井が辞めると言ったとき、親会社は「折衷案を考えよう」と言い出しました。結果的に、運営は僕たちが行い、パンとエスプレッソとの商標は親会社が持つ、業務提携のような形で、落ち着きました。

その際、フツウニフルウツの商標も、持っていかれました。

パンとエスプレッソとを譲ってくれないのは、理解できます。それを持ち続けなければ、そもそも僕たちの会社を買収した意味がないですから。けれど、フツウニフルウツまで……。「なんでやねん！」というのが、正直な気持ちでした。

元親会社はその後、二つの商標を使って営業をかけ、百貨店の催事の仕事などをたくさん獲得していました。どんどん仕事をとってくるため、人手が足りず、僕たちにヘルプを要請してくることもありました。そこで人手を出さないと、ブランドイメージに傷がつくため、こちらも断ることができません。催事会場に、普段は店頭に立っていない本部のスタッフを派遣することもありました。ブランドと運営が別という状況に、ストレスが溜まっていきました。

けれども事態は急変します。しばらくして、その元親会社に粉飾決算があることが判明し、急激に経営が傾きました。そして、パンとエスプレッソとと、フツウニフルウツの商標が、たまたま僕の知人に売り飛ばされたのです。僕は、それらをすぐに買い戻しました。

こうして、当社は再び二つの商標を取り戻すことができました。

コロナで、泣いた

元親会社から離れた２０１７年、僕たちは再び会社を立ち上げました。それが、現在の株式会社日と々とです。

２０１９年には、パンとエスプレッソとも10周年になり、経営は上向き、店舗数も順調に伸びていきましたが、世界を襲ったあのできごとが起こりました。新型コロナウイルスです。2020年1月30日、世界保健機関（WHO）がパンデミックを表明したのは、みなさんご存じの通りです。その直後は、売り上げには影響がありましたが、慌てるほどではありませんでした。

ところが、タレントの志村けんさんが亡くなった3月29日を境に、状況が変わりました。その翌日、多いときには月間2000万円を叩き出す京都・嵐山の店舗の売り上げが1日たったの7万円になったのです。

一瞬、桁を見間違えたのかと思いました。その後、各店舗の日報に目を通すと、どの店舗も売り上げが激減していました。

「やばい」――。次の瞬間から、各店舗が入っているテナントの大家さん全員に電話をかけました。家賃の支払いを、待ってもらうためです。過去に、不動産会社で働いていたとき、僕は経理部にいました。その経験で、このままの状況が続けば、会社がいつ潰れるのか、瞬時に計算できてしまったのです。家賃や従業員の給料の支払いを考えると、このままの売り上げでは、会社はもって数カ月だと悟りました。

その日はずっと、パソコンの前に座っていました。仕事に集中しようと思いましたが、お店にお客様が来ないので、そもそもすることなんてありません。焦りと、先行きの見えない不安が、頭の中で渦巻いていました。「全員、リストラしなければいけないかもしれない……」。そんなことが脳裏をよぎりましたが、周囲のスタッフに、相談することもできません。ずっと、むしゃくしゃしていました。お酒を飲んですべて忘れてしまいたいけれど、周辺の飲食店はみんな閉まっている。ここに来るまで、失敗ももめごともたくさんありましたが、自分でどうすることもできないこのころが、人生で一番つらい時間でした。

そのような中、「家賃の支払いを待つ」とお返事をくださった大家さんもいました。42歳にして、初めて職場で涙を流しました。

日本でも緊急事態宣言が発令された翌週、僕は、スタッフ全員に向けて、こんなメッセージを送りました。

新型コロナウイルスによって自宅待機をお願いしているスタッフの方、人が減り1人の作業量が増えるなか頑張って勤務しているスタッフの方、ありがとうございます。

今回の緊急事態宣言を受け、お店の方針について改めて考えました。

その結果、やはり私たちはお客様の1日1日を支え続けるために、美味しいパンとコーヒーを提供したいと思い、可能な限りお店を開き続ける事を決めました。

しかし、今の状況でお店を開くのは、色々と問題もあります。今までのやり方を諦めて、形を変えていく必要があります。

営業時間の短縮、カフェのサービス提供の見直し、それから社運をかけたオンラインストアによる通信販売です。

これからは実店舗ではなく、オンラインストア中心に方針転換します。


明日サイトがオープンします。

皆さん、家族や友達、知り合いに宣伝して下さい。


頑張りましょう。

よろしくお願いします。


売り上げが一気に落ちた直後、全店舗でオンラインミーティングを行いました。そして、その場で、オンラインストアをつくることを宣言しました。

コロナ禍になる前から、オンラインストアの準備は進めていました。けれども「お店で十分売れているのに、配送の手間がかかるオンライン販売なんてしたくない」という反対の声が多く、グッズ販売のみで、ずっと止まったままの状態でした。コロナ禍を機に、オンラインストアのアクセルを全開にしたんです。

お店で焼き上げたパンを冷凍し、各店舗に送り合うことで互いに品質をチェックしました。味に問題はないのか、理想の解凍時間は何分かなど、みんなで模索しました。2週間ほどで、オンラインストアオープンに漕ぎ着けました。

あのころ、日本中のみんながおいしいもの、楽しいことを我慢していたのだと思います。オープン後の反響は想像していたよりも凄まじく、サーバーが2回ダウンしました。対応に追われているころ、某大物女優さんから「買えないんですけど、どうしたらいいですか」と問い合わせをいただくこともありました。

こうして、半年間ほどはオンラインストアで食いつなぐことができました。食いつなぐと言うより、店舗を閉じても経営が回るくらいに、売り上げが伸びました。

その後は、他社も参入してきたり、実店舗への来客も徐々に回復してきたりで、当時のお祭り騒ぎのような売り上げはありませんが、オンラインストアは現在も続けています。

僕は人から指図を受けるのも、指示するのも嫌いです。そのため、業務連絡以外で、スタッフ全員に向けてメッセージを送ったのは、このときが最初で最後です。それくらい、追い込まれていました。全員が同じ方向を向かないと、本当に会社が潰れてしまうと感じていました。

結果として、爆発的に売れたので「あぁ、言わなければよかった」と思ったのは、ここだけの話です（笑）。

日本が絶対に負けないもの

大赤字、海外進出の失敗、コロナ禍、さまざまなもめごとと、痛手を被ってきた日と々とですが、しぶとく生き残れた理由の一つが、ブランディングが成立していたことだと考えています。

パンとエスプレッソとのネーミングもそうですが、新店舗を出す際は、必ずコピーライターを入れるようにしています。ホームページに掲載するキャッチコピーも、コピーライターに考えてもらっています。そのくらい、言葉は大切だと思っています。

お伝えしたように、パンとエスプレッソとには「このお店が好き」というスタッフが集まってくれています。そして、各店舗のメニュー開発や、お店で使う食器やテーブルなどの選定はスタッフに任せています。同じ「好き」を持つ人が集うからこそ、什器《じゅうき》はお店によってバラバラでも、不思議な統一感が生まれます。

スタッフ全員に「好き」の共通認識があること。お客様にも「パンとエスプレッソとは、こんなところ」というイメージがついていること。これが、パンとエスプレッソとのブランディング、そして強みだと思っています。

実は、不動産会社からパンとエスプレッソとを買い取って独立した際、黒字化したら、すべて手放そうと考えていました。

ところが、紆余曲折しているうちにスタッフは増え、会社の規模も大きくなっていきました。パンとエスプレッソとで好んで働いてくれているスタッフのためにも、会社を存続させていくことが、ますます重要になってきました。いまでは、自分が生きていくためだけでなく、会社をよりよい状態にして、次世代にバトンタッチをしなければならないと考えています。

ベーカリーやカフェの多くは、低賃金であったり、退職金もなかったりするようなところがあります。そうなると、一生懸命働いていても「私の将来は、大丈夫なんだろうか」

といった漠然とした不安がつきまといます。せめて、日と々とに来てくれたスタッフたちは、この悩みから解放してあげたい。

そう思ったとき、これまで通り日本だけで事業を続けていくのでは、難しいと感じています。やはり、海外に目を向ける必要があります。

いま、大手旅行代理店のエイチ・アイ・エスと組み、フランチャイズ店を海外に広めようと計画しています。具体的には、アメリカに本部を置く方向で、話を進めています。

もう一つ、考えているのが、フィリピンへの進出です。フィリピンの人は勤勉ですし、英語を話すことができます。英語話者のパン職人を育てることができれば、世界へ派遣することができるので、世界展開も夢ではなくなります。現在、日本ではパン職人が不足していますし、日本人の多くは、英語を話すことができません。人を育てる拠点として、フィリピンがベストだと思っています。

ここまで「日本はダメだ」と暗い話ばかりしてきましたが、僕は、日本のポテンシャルに期待しています。まず、和食に限らず、パンも含めて、日本の食のレベルは世界一だと考えています。

そして、どれだけ諸外国が発展しても、技術が日本より上回るようなことがあっても、日本には、他国が絶対に勝てないものがあります。それは、自然と歴史です。特に歴史は、長い時間をかけて培うものです。追い抜こうと思って、追い抜けるものではありません。

京都・嵐山にあるパンとエスプレッソとは、当社の中でも成功している事例です。日本人はもちろん、海外からの観光客にもたくさん利用されています。日本には京都以外にも世界に誇れる観光地がたくさんあります。外貨を稼ぐということは、今後、日本を再浮上させる一つの鍵となるはずです。

そのため、海外進出のほか、エイチ・アイ・エスと一緒に日本全国47都道府県それぞれに、ご当地版のパンとエスプレッソをつくるプロジェクトも進めています。パンとエスプレッソとが、その土地に人が集う「入り口」になることができればと思っています。

いままで、本当にいろんなことがありました。だけど、今後も飲食にかかわることはすべてやっていきたいと思っています。突拍子もなく「中華店をつくりたい」なんて言って、時々周囲には怒られますが、さまざまなジャンルへの展開は、スタッフのためでもあると考えています。

僕はそんなふうには思わないのですが、おしゃれなカフェは「若い人しか働けない」と感じる人がいます。実際、長く働いてくれているスタッフからも「40代で、若い人たちと一緒に働くのは、しんどい」と相談されることがあります。スタッフもお客様も若い人が多い中で、40代の自分が店頭に立つことに抵抗感を抱くようです。そうして、日と々とが好きなのに、去っていくスタッフもいました。

特に当社は、女性スタッフがたくさんいるので、女性の働き方を考えることは会社存続のためには避けて通れません。「働き方を変えたい」と思うスタッフのためにも、セカンドステップを用意したいと思っています。

現在、カフェの上に民泊をつくったり、花屋を併設した店舗を増やしたりすることを検討しています。そうすれば、カフェで働くのがつらくなったとしても、そちらの業態に移ることができるからです。和食店などは、年齢を重ねた女性が働いていても素敵です。花屋と和食店は、すでに日と々とで運営していて、特に和食店はヒットしています。

「好き」って理屈じゃないんです。だからこそ、当社を好きになってくれたスタッフには長く働いてほしいし、できる限り、そのような場所を提供したいと思っています。それが、僕が経営者としてできる社会課題の解決で、パンとエスプレッソとを、その土地を、ひいては日本の人々を、元気にするのだと信じています。

［挑戦3］

心の糧になるよい音楽をすべての人々へ届けたい

PROFILE

新堀学園理事長

新堀 寛己

HIROKI NIIBORI

1934年生まれ。首席指揮者として各国で行った「音楽を通しての平和活動」が認められ、国連NGOなどから表彰。2007年にはローマ法王からも表彰された。

COMPANY

新堀ギターグループ

（学校法人新堀学園など）

1957年に新堀ギター音楽院を創立。ギターオーケストラを世界で初めて結成し、新堀メソードを考案し発表した。現在は、新堀氏が手がける学校法人新堀学園のほか、新堀ギター音楽院（株式会社新堀ギターアカデミー）などの運営を行う。

みなさん、これまでの生活のどこかで「新堀ギター」のブリキの看板をご覧になったことがあるのではないでしょうか。印象的な、日本中の至る所にある、あの看板のギター教室を主宰しているのが私です。

そんな私が現在、手がけている仕事は、大きく分けて3つあります。

1つ目は、国が認可した学校法人新堀学園ですね。3年制の高等課程と、2年制と4年制の専門課程などがあり、私が理事長を務めています。

2つ目は音楽教室・新堀ギター音楽院を運営する株式会社新堀ギターアカデミーです。

3つ目は、私個人が講演や執筆活動などをする個人経営の事業です。こちらでは教室を運営するためのビルの購入や管理など、不動産に関わることも行っています。

学校法人、株式会社、個人経営、それぞれの特徴があり長所短所もありますが、最終的にこのスタイルが心地いいと感じています。

なぜこのスタイルに落ち着いたのか。私が生徒に教えるだけの「ギター教室」ではなく、全国、そして海外にも教室を持つ事業に成長したのか。その経緯をお話ししていきますが、その根っこにある想いというのは、結局、さまざまな音域のギターを中心としたオーケストラを作り、みんなで合奏するのが好きだということです。ギターオーケストラを立派に維持していくためのシステムを考え続けた結果として、今に至ります。

オーケストラ好きの少年が集団疎開して

合奏＝オーケストラに興味を持ったのは１９４４年（昭和19年）、小学校４年生のときです。当時私は、東京都杉並区の小学校に通っていましたが、戦争のため宮城県に疎開することになりました。

行き違いがあったのか、疎開先の熊野神社には生徒全員分の受け入れ態勢は整っていませんでした。泊まれる設備が不足していたのです。そこで疎開した子どもたちの中で、とくに元気な男子23人が選ばれ、山奥の分教場に連れていかれました。バスなんてありません。米や稲などの運搬に使われていた大八車に乗せられて、ガタガタと移動したわけです。床に寝るから眠れなくて、親に頼んで畳を敷いてもらって、そこに男子23人が住むことになりました。

日中は、通常なら授業をやらなきゃいけないのに、２人の先生は食料の買い出しで留守にしたり、空襲があったりで、みんなほったらかし状態。そんなわけで、子ども同士が集まれば、私はハーモニカが好きだったからハーモニカを吹いて、他にもギターやマンドリンを持っていた子がいたので楽器の演奏が始まるわけです。

私は小学校に入ったころから、古賀ギター歌謡学院に通っていました。歌手・藤山一郎さんのヒット曲『丘を越えて』など複数の有名な楽曲を手がけた、作曲家・古賀政男先生のギター学院です。幼くして音楽に親しんできた私は、小学生のころには楽譜が作れるようになっていました。

楽譜を書いてみんなで演奏すると、これがとてもおもしろい。やっていて音が足りないと思ったら、壊れたハーモニカをヤスリで磨いて音を足していく。こうして、独奏よりも、みんなで合わせるのが楽しくなっていきました。

空襲警報が鳴れば、みんな防空壕の中に入るわけです。それは地獄ですよ。しばらくして、敵が行ったらみんながワーッと外に出る。太陽や山々がきれいで、平和は本当にすばらしい、と実感します。この地獄と平和を体験しなかったら、平和を作るのにみんなでやれること、「合奏」のすばらしさに気づけなかったと思います。

だから他のみんなが「兵隊さんになる」と言っていた時代から、「音楽家になりたい」と思っていました。戦争などで中断していた時期もありましたが、また中学生から古賀ギター歌謡学院に通いギターを再開しました。

「夢は音楽家」も父親と衝突

もちろん将来の夢は、音楽家です。

しかし、父の願いは違いました。商業高等学校卒業後は、大学などには行かずにすぐに働きにでてほしかったようです。でも父の願いもむなしく、当の私は商業高等学校に行っても音楽三昧。高校2年で「赤ずきん」や「白雪姫」などのオペレッタを上演できるまでになりました。音楽部の発表会としてやったつもりが、校長先生の目に留まり、「すばらしいから聴いてほしい」と賞賛され、スピーカーで全校放送されたのです。近所の学校の人にも話題となり、プロになろうという思いがさらに強くなりました。

いよいよ、進学先を決める時期になりました。

父に、大学に行きたいと伝えました。当時は音楽家なんて食べていけない、銀行員や役人のような堅い仕事が安心という時代です。

「おまえは物乞いになる気か！」

と猛反対を受けました。それでもどうしても音楽をやりたかったので懇願し、学校の先生になることを条件に大学進学の許可がでました。本当は音楽大学に進みたかったのですが、それも反対され、宗教音楽などについても学べる青山学院大学を選びました。

大学に行くころには、古賀ギター歌謡学院の師匠である、古賀政男先生の仕事をお手伝いするようになっていました。１９５３年（昭和28年）８月28日には、日本初の民間放送局の日本テレビが開局。この日、私たちは日本テレビのスタジオに呼ばれ、開局を伝えるアナウンスと共に流れる音楽を、古賀先生の指揮のもと演奏しました。大学時代はほぼ音楽の仕事だけで、普通の会社員の約３倍は稼いでいたんじゃないでしょうか。といっても稼ぐのが目的ではなくて、いろいろな先生につき、よい点を吸収したいという思いが強くありました。

私の大学時代、ギターの演奏スタイルは、一般的に独奏が中心でした。私はやっぱり合奏が好きなんです。ギターで合奏がしたい、でもギターで合奏をするにはギターの音は低いため、もう少し高い音が必要です。そんなギターはないわけですよ。開発する費用もないから、家の前の八百屋さんからリンゴの空き箱をもらってきて、そこにネジ釘をさして糸を張り、勉強しながらギターの練習と、各音域のギターの実験を始めました。

私はこうして大学時代から、低音、中音、高音の各音域に対応するギターを開発し、ギターの合奏＝オーケストラを始めたのです。

楽器にはチェロやヴィオラなど、さまざまな音域のものがあって、すべてすてきな音を奏でます。しかしバイオリニストはすぐにはチェロは弾けません。チューニング（調弦）も弾き方も違うので、いちから覚え直さないといけないのです。

でも一度習ったテクニックで音域の違う楽器がすべて弾けたら、すぐに合奏ができるじゃないですか。そのために私は、高音や低音域の各種ギターを作り、どのギターでも同じように弾けるよう楽譜の方もいじって、誰でもギターの合奏をしやすくしたのです。現在の新堀メソードの構想は、大学３、４年生のころにはあったのです。

４畳半のバラックからスタート

大学を卒業後、結婚し、高校教師をしながら１９５７年（昭和32年）に新堀ギター音楽院を創立しました。

創業の地は東京都杉並区阿佐谷の自宅で、４畳半のバラック小屋です。名前は当時一般的だった「ギター教室」や「ギター教習所」ではなく「新堀ギター音楽院」にしました。

ギター属は古代メソポタミアから続く歴史がある楽器です。ピアノの歴史は約３００年、ギターは約６０００年。メソポタミアからずっと人類の胸に抱かれ演奏されてきた、その長い歴史を持つギターから音楽全般を学ぶ音楽院という意味でつけました。教室の規模感ではなく、何をやるかで名称を考えたのです。しかし、バラック小屋に「音楽院」の名称をつけたりしたので、周りからは頭がおかしくなったんじゃないかと心配されたわけです。私の想いを前面に出すほど、他の人と乖離していく。それが本当につらかったです。

そんな思いを抱えつつ新堀ギター音楽院はスタートしました。

「あの看板」はどう作られたか

まずは教室の存在を知ってもらうための看板作りです。外注する資金がないので、仕方なく私が筆を執《と》りました。そのときは、作ってはみたものの、あまりパッとしないものでしたね。しかし、日本で初めてシネマスコープ映画を上映したテアトル東京に行ったら、その迫力に驚きました。自宅に帰ってシネマスコープ映画のタイトルみたいに影をつけて「新堀ギター」と書いてみた。そうしたらしっくりくる。それが今の看板の原点です。

現在のようにSNSを駆使して、集客ができる時代ではありません。最初のころは看板に「東京ギター」とか、「教育ギター」などと文字を入れるなど、いろいろ試行錯誤しました。でも、なかなか人は集まらない。

そこで新堀ギター音楽院のコンセプトである「心の糧になるよい音楽をすべての人々へ」と入れました。分かりやすく想いを書いたから、これが響いたのでしょう、徐々に人が集まってきました。

このコンセプトは私が創立のときに作ったものです。当時、世間では「あきらめましょう」というような歌詞の、人の希望を台無しにする歌が流行っていました。私はもっと心の糧になるような、心に宿り、人を心地いい気持ちにさせる音楽を作りたい、そしてお金持ちだけではなく、誰もが楽しめるものにしたいと思い創業しました。このコンセプトは、創業時から今もずっと変わらずに私や弟子たちの胸にあります。

そんな思いを抱え、始めた音楽院。最初は生徒０人からのスタートでしたが、半年後には６人、２年後には１５０人になり、杉並区にあるギター教室で一番多い生徒数になっていました。急成長したことで注目され、新聞にも取り上げられましたね。

弟子も「プロの音楽家」として生活できるシステム

短期間で教室を拡大できたのには、理由があります。高・中・低音の各音域に対応するギターで構成された「オーケストラ」を潰さないためのシステムづくりを徹底的に行ったのです。

「音楽では、食べていけない」

相変わらず、世間からはそう思われていました。私はそれを変えて、継続して合奏ができる環境を作りたかったのです。そのため、私のギターオーケストラが潰れずに済むように、弟子たちの教室も作ったわけです。人に教えることで生活の保証をし、他の職業に就かなくてもプロの音楽家として活動ができる道を築きました。

「自分の人生があるんだから、弟子のために教室を作っていないで自分の技術を磨け」

人からは、そう言われたこともありました。

しかし、それではオーケストラは維持できません。

信頼している先生は「オーケストラなんて何度もやれるものではない。国の援助がなければやれないものだ」と言います。

それでは小さいころからオーケストラを夢見てきた、私の願いはどうなってしまうのでしょう。私が夢を叶えるために行動をおこすごとに、信頼している先生との対話も途切れてしまうのは、私にとってとても悲しいことでした。

しかし、夢を実現させるためです。

合奏をやると同時に、教本を統一させました。同じ教本を使用することで、どこに引っ越しても続きから稽古ができるようにしたのです。しかも合奏は楽しいから、みんなやめません。そのため生徒総数は右肩上がり。今では台湾、シンガポール、ポーランド、他の欧米諸国など、海外にも広がっています。

新堀ギターでがんばれば、もしかしたら海外演奏もでき、自分も教室を持てるかもしれないという希望のある環境です。ただ演奏が認められるだけではなく、お給料がもらえて社会保障もあります。かかわる人たちには夢がある場を提供し、私の夢をも叶えていったわけです。

「心の糧になるよい音楽をすべての人々へ」を実現させるためには、オーケストラの維持が大切です。「オーケストラの維持」のために何をすべきか、で動いているのは、今も昔も一向に変わりません。

利益を出すだけではダメ

どんなに生徒数や教室数が増えても、世間のギターに対する目は以前と変わらず、不良のやるものであり、異端でした。

そもそも本当は音大に進学して音楽家になりたかった私ですが、音大には行かせてもらえず、ギターの合奏は邪道と言われ続けてきました。今後もギターで生きようと思っているのに、頭からけなされ通しでした。

一方、音楽院の経営は、生徒数も増え順調です。「事業がよい状態ならば、世間の目は気にしなくていいのでは」と思う人もいるかもしれません。でも、重要なのはお金ではないのです。

もちろん経営が成り立ってこそオーケストラが維持できるので、利益を出す必要はあります。しかし、それだけを追求していてはダメです。音楽家は自分の芸術がどう評価されるかも大切。同時に高いレベルに達すれば達するほど、一番のライバルは自分になります。自分の記録を超越し、その先に辿り着きたい。そして多くの人にその音楽を届けたいと思うようになるものです。

１９７４年当時、「日本で何をやっても認められないなら、世界に出てみよう」と思い、めざしたのは英国でした。音楽家として認められるため、英国・エリザベス女王陛下が運営に参加している、ロンドンにあるコンサートホール「ロイヤル・アルバート・ホール」

や、「パーセル・ルーム」などのオーディションを受けに行くことにしたのです。

さまざまな国と地域で視聴可能なＢＢＣ（英国放送協会）があるロンドンには、有名になるため世界各地からアーティストが集まります。ロンドンで評価されれば、ＢＢＣの目に留まり国際的な音楽家として注目される可能性があるからです。

当時、欧米からは、日本といったら羽田空港を出たら人力車が走っていると思われているような時代です。英国からしたら馴染みがない日本のアーティストたちの演奏ですから、普通に演奏しても、まともに聴いてもらえるとは思えません。

オーケストラは社会の縮図

そこで日本人である強みを活かす作戦を考えました。

他の演奏者は絶対にやらない、日本の音楽を着物で演奏することにしたのです。当時は今とは違い、日本の着物はあまり知られていない時代です。約４割、日本の曲を仕込んだ楽曲構成としました。

英国行きの準備は、１年８カ月前から行いました。当時は今のような飛行機ではないため、英国まで40時間以上かかります。また以前海外に行った際に、日本人は「醤油中毒」

だと思った経験がありました。まったく理由がわからなかったのですが、海外に行くと体がふらふらして、おせんべいを食べたら元気になったのです。お醤油不足で体がおかしくなったのかなと思いました。

そこで英国出発前に、北海道の富良野で醤油抜き生活のトレーニング合宿を実施しました。醤油が切れても動じない体を作るために、絶対に醤油を口に入れずに過ごしたのです。英国と日本では食文化が違います。今のように日本料理がどこにでもある時代ではないので、あえて何もない場所で合宿することで体を慣らしていきました。

私たちは音楽家の集まりです。芸術家独特のこだわりを持つ我の強い人たちがたくさんいます。ときには衝突もします。本当にオーケストラは社会の縮図だと感じますね。人がたくさん集まれば、意見が合わない者も出てきます。たびたび問題は起きましたが、みんな英国に行く目的があったので何とか乗り越えていけました。

それよりも大変だったのが、国の援助が一切ないことでした。楽器を安全に運ぶためには、多大な手間とお金がかかります。とくに英国では、着物での演奏を考えていたので、衣装だけでも大荷物です。1人でギター2本（一般的なギターと、各音域のギター）と着物や着替えなどを入れて大型バッグを立てたら、大きすぎて身動きができなくなります。しかも、この時の演奏メンバーは全員女性でした。

そもそもギターと着物を持って移動できる既製トランクなんて、そんな都合のいいものはありません。存在しないなら作るしかない。トランクも自分たちで考え、発注しました。英国に行ったと簡単に言いますが、曲・体・道具・資金、すべてを自分たちで作ったわけですから、本当に大変でしたよ。

でも世界中の著名なギタリストの多くは、ロンドンを拠点に活動していました。そんな音楽の本場で成功すれば、日本人も「ギターの合奏は異端」といった認識を改めてくれるはずです。期待を胸に挑んでいました。

「邪道」から「賞賛」へ

いよいよオーディション当日です。緊張しつつも挑戦した結果、オーディションには見事合格し、私たちは英国で40日間のツアー公演を行いました。『さくら　さくら』などの日本の曲を披露するときは、8人の着物姿の女性が出て演奏するわけですよ。みんな驚いていましたね。

そしてついに、ＢＢＣから電話がかかってきたんです。

念願のＢＢＣで、私たちのコンサートの様子が放送されました。英国のマスコミや音楽業界の方々は、大きさの異なるギターを使っての合奏に大絶賛。私たちに「ギターオーケストラの奇跡」と賛辞を送ってくれました。通常オーケストラとは、弦楽器、管楽器、打楽器などの違う楽器で構成された楽団のことです。低・中・高音の各音域に対応するギターで構成された私たちの合奏団をオーケストラと認めてくれたのは、とても誇らしくうれしい出来事でした。

それからですね、私たちも自分たちのことを「ギターオーケストラ」と表現するようになったのは。

帰国後、しばらくして大きな変化がありました。日本中で着物公演を成功させた女性ギター合奏団（ザ・ドリマーズ）が話題となり、ＮＨＫにも取り上げられたのです。もう誰もギター合奏を「邪道」と呼ぶ人は、いなくなったのでした。

「事実上の倒産」に

創立30年の１９８７年（昭和62年）。私は53歳となりましたので、そろそろ次の世代に継いでもらうため、全国の新堀グループを４つに分社化しました。各社長に財産を譲り、私は学校法人だけを担当するようにしたのです。

分社化する際、各会社の社長には2つの約束をお願いしました。1つ目は、私の財産を分けるけれど、これはみんなで稼いだ財産。どこの会社が倒れてもダメなので、何か困ったことがあってお金を借りるときは絶対に私に相談してほしいと伝えました。2つ目は、自分の会社を親族だけで固めてはいけないと伝えました。みんな了承してくれて、新しい体制が始まったのです。

そのわずか18カ月後のことです。各地のクリスマスコンサートに加え、年末特有の忙しさを感じる、12月27日。一本の電話が入りました。

「先生、もうダメです。倒産です」

分社化した会社のうちの一社である、東京の株式会社日本ギターアカデミーを任せたA社長からでした。聞けば、地上げ詐欺集団に多額の金をだまし取られたといいます。

報告を受けたときにはすでに、新堀家代々の土地の権利書を無断で持ち出され、白紙の約束手形まで地上げ屋に渡っている状況でした。

なんでもA社長は、詐欺集団のメンバーとは知らず、ある人物に東京都杉並区高井戸に良い土地があると教えてもらい、土地を見にいったそうです。ブルドーザーが作業していることろを見せられ、「この土地は、すばらしい立地ですが、特別によい条件をだせる」と言われ、まんまと信じてしまったのでしょう。銀行からお金を借りて代金を支払ってしまったというのです。

しかし実際は、他人の所有地を自分のもののように装い、ターゲットに不動産を購入させ代金をだまし取る詐欺師でした。しかもA社長は、無断で新堀家代々の土地の権利書を持ち出し、それを担保にお金を借りていました。

なぜ、そんなことができたか。それは会社の金庫に、個人と会社名義の土地の権利書を保管していたためです。私もよくなかったのかもしれませんが、まさか自分の弟子が、個人所有の土地の権利書を勝手に持ち出して借金をするなんて想像もしていませんでした。返済は、自分（A社長）の妻が所有する土地を売って支払うつもりだったそうです。結局うまくいかず、銀行取引停止処分となり、事実上、株式会社日本ギターアカデミーは倒産することになりました。

これにより私は、先祖代々の土地を失っただけではありませんでした。音楽幼稚園はとても順調だったのですが、先祖代々の個人所有地と法人名義の土地の両方にまたがって建てられていたため、存続が困難になってしまったのです。泣く泣く音楽幼稚園を手放すことになりました。

ヤクザから逃げる日々

最初に、A社長から電話で話を聞いたとき、私は頭が真っ白になりました。真っ先に、離婚を覚悟しましたね。というのも2番目の妻は結婚前から「高齢でお金持ちの人を紹介してください」と言っていた、とんでもない女性です。でもよく考えたら、最初からお金目当ての人をもらえば、あとでゴチャゴチャ言われないだろうし、何よりおもしろい人だなと思って興味がわきましてね。結局、結婚することになったという相手なのです。

お金目当てで結婚した女性ですから、それまで一度もお金で心配させたことはありませんでした。それが突然、財産の大半を失うことになったわけです。１００パーセント離婚だと思い、覚悟しました。

しかも弁護士が「白紙の約束手形がヤクザの手に渡っているようです」と言うから、もう大変です。

白紙の約束手形と言えば、金額が書いていない手形のこと。いくらでも金額が書けてしまうから、ヤクザの世界では脅迫をするのにもってこいの手段です。それがヤクザのところに出まわっていて、家族にも危害が及ぶかもしれないと言うのです。子どもや妻を誘拐されて、お金を要求される可能性もあります。

警察に相談しようとしたのですが、弁護士は警察には行かないほうがいいと言います。後に分かったことですが、その弁護士も詐欺グループの一員だったのです。当時はそんなことを知るはずもありません。すっかり悪徳弁護士の言葉を信じていた私は、妻と子どもを秋田県にある妻の実家に避難させて、私は別の場所に身を潜めることにしたのです。

有名ホテルチェーンの友人が手を貸してくれ、極秘で泊めてくれたのが幸いでした。その日から、隠れて暮らす日々が始まりました。有名ホテルに宿泊できたからといって、ゆっくりできるはずもありません。突然の出来事でしたから、やるべきことは山ほどありました。

「まっぴらごめんだ!」

今の時代なら、メールやオンラインミーティングなど、多くの連絡手段がありますからホテルに籠もっていても仕事に支障はきたさないかもしれません。

しかし当時は、インターネットなんて存在しない時代です。業務連絡を紙に書いては封筒に入れ、郵送で指示を出していました。郵便を出せば消印で居場所がバレてしまいます。発送と同時にホテルを変える日々です。

夜、車を運転していると、後ろからヤクザが追いかけてくるのではないかと思い、生きた心地はしませんでした。そんなストレスに満ちた日々が、約1カ月続いたのです。

背後からの追跡はないか、神経を過敏にさせながら車の運転をしていたある日のこと、私は自宅の近くまでやってきました。自宅へ呼ばれるように、懐かしい道を夢中で運転していました。

久しぶりの自宅。車庫のシャッターを上げ、車をとめて、玄関に向かいます。扉を開けてリビングに一歩入った途端、動けなくなりました。

ステンドグラスの隙間から太陽が燦々と注ぎ、まばゆい光が私を包みます。なんと美しいのでしょう。きらめく陽光で迎えてくれたこの家が、ここで紡いだ時間が、とても愛おしく感じました。

こんなにあたたかい家があったのに、私は一体何をしていたのでしょう。そう思った途端、せき止めていた思いがあふれてきました。また逃亡生活に戻るなんてもう無理です。

まっぴらごめんです。自宅に戻りたい、ずっとこの光があふれる場所にいたい。

私は、葉山警察署へ駆け込みました。

悪徳弁護士には止められていましたが、全部、警察に話しました。すると警察の方は、

「あなたは被害者です。今までの事情は話を聞いて全部わかりました。ご家族にも警備をつけますから」

と言ってくれたのです。心の底から安堵しました。

その後、パトカーが1日2回もパトロールにきてくれるようになり、やっと逃亡生活から解放されました。

小さなビルから再出発

株式会社日本ギターアカデミーが倒産したことで、9700人いた生徒のほとんどを失いました。ギター教室は辞めて、教師に戻ろうか……と頭によぎりました。

「もう一回やりましょう」

そう言ってくれたのは、私の弟子（大宮哲氏）でした。

再出発の地に選んだのは、妻の姉が住んでいた街「洋光台」です。光を感じる夢のある

町名に惚れ、駅近くにあるビルの2階を借りることに。ビルは町名同様に明るく、心地のいい雰囲気です。すっかり気に入った私は、この地で再出発をしていこうと決めました。

そんな私を、もっとも支えてくれたのは妻でした。

お金目当てで結婚したのだから、お金の切れ目が縁の切れ目。大半の財産を失った人間には、もう用はないだろうと覚悟をしていました。しかし妻は、離婚せずについてきてくれました。再建に一緒に尽力してくれたのも妻でした。彼女はもともとギタリストで、私と同様に音楽を愛する人間です。

「あの人は絶対に再出発できると思うから、ついて行っているんだ」

妻がそう言っていたと、スタッフがこっそり教えてくれました。

夫婦なんて、直接にはあまり言わないのかもしれません。でもそうやって思っていてくれ、どん底のときも私を支えてくれた妻。2年前にガンで亡くなってしまいましたが、今でも彼女には本当に頭が上がらないですね。

これまでの経験が財産に

そんな妻の頑張りもあって、生徒は順調に増えていきました。最初は2階部分だけだった教室はたちまち3階も借りることになり、それでも足りず1階も借りて、ビル全体と隣のアパート一棟を借りてと、すごい勢いで生徒が増えていきました。

失った先祖代々の土地でやっていたころは、駅から遠い場所に教室がありました。洋光台の教室は、駅の近くにあったのがよかったのかもしれません。でも、なによりも、妻をはじめ弟子たち（職員）も一緒になって、死に物狂いで働いてくれたおかげだと感じています。同時に、乗り越えられたのは無名時代の経験があったからです。あのころは、音楽家への夢の前に大きな壁が立ちはだかっていました。私にとって一番つらい、どん底の時期です。

何をやっても反対されるなか、新堀ギター音楽院のコンセプトである「心の糧になるよい音楽をすべての人々へ」を胸に、誰もが音楽を楽しめるように新堀メソードを作り、ギターを開発し、それを人に伝えてオーケストラを作っていきました。そのかいあって海外オーディションに挑み成功するまでになったのです。そうやって一つ一つ困難にもくじけずに進めてきたからこそ、多くの人が音楽を楽しむためのノウハウが蓄積されたのです。

歯を食いしばってゼロから作り上げてきた基盤とブランド力がついたあとに訪れた倒産。倒産の話を聞いた当初は、ストレスの溜まる日々でした。しかし「再出発」を決めてからは、進むべき道がくっきりと見えていました。以前のように、どんどんギター合奏を広めていけば、収入も増えていくことは経験からわかっていましたから。

ですから、あの一番つらかった、誰にも認められずにもがいていた無名時代があったからこそ、倒産も乗り越えられたのだと思います。だからもし明日また倒産事件が起こったとしても、私のことを信じてついてきてくれる人もいますし、人を育てる方法や楽譜や楽器に関するノウハウ「新堀メソード」もあります。だから、絶対やれます。新堀メソードでギターを楽しむ人たちが、世界中にいます。私個人のことなんて知らなくても、海外の子どもたちも新堀メソードを学ぶことでギター合奏を楽しんでいるんです。

シンガポールの子どもたちは、ギター合奏を「新堀する」と言っているようです。統一されたシステムがあれば、どこにいたって音楽が楽しめるのです。

繰り返しになりますが、ふたたび倒産事件のようなことが起こったとしても、私には信じてくれる人や新堀メソードという財産があります。何度でも這い上がれるでしょう。

まだまだ尽きぬ、今後の夢

冒頭でもお伝えした通り、私は現在、新堀学園の理事長をしています。学校法人を運営する中で、大きな問題点を感じるようになりました。日本の教育問題です。

多くの子どもたちは今、いじめや自殺、不登校など、さまざまな悩みに直面しています。文部科学省の全国調査によると、先生は全国で2000人以上も不足しています。2022年度には、教職員の精神疾患による病気休職者数が、過去最高の6539人になりました。3人に1人は精神的な問題を抱えていると言われています。

かたや文部科学省が発表した同年度の不登校の児童数は、過去最多の29万9048人。これは学校法人を運営している私からすると、本当に問題のある数値です。

同時に今の日本は、楽器の選び方ひとつで将来の道が閉ざされてしまうという現実もあります。学校の音楽の先生になるための一般的な手段は、大学・短期大学などで法令に定められた科目や単位を修得して教員免許（教育職員免許状）を取得する方法です。そして音楽の先生になるためには、ピアノができることが条件です。

音楽の先生になりたい子どもが、ギターを選んだら今の日本では先生になれないのです。そのため仕方なく、ギターとは別にピアノを習う必要があります。その子が、ギターもピアノも楽しめればいいのですが、全員が同じようにピアノにも興味を示すわけではありません。音楽の長い歴史の中で、ピアノは最近できた楽器の一つ。ギターはもっともっと長い歴史があります。でもピアノが弾けないと、音楽の先生にはなれない現実があるのです。ですから私は、本校（国際新堀芸術学院）で教員免許を取得できるようにしたい。これが私の今後の夢です。生徒にとってもいい環境になります。音楽の先生がギターを持って弾きだすと、みんなが集まってきます。生徒が集まっている場所に混ざって演奏しても楽しいですよね。もちろん天気のいい日には、屋外で授業もできるわけです。

実際に、私も7年間、高校の先生をしていました。ギターを抱えて、たびたび生徒を多摩川に連れていき、授業をしていました。心地いいですよ、屋外で授業をするのは。そういうふうに、場所を選ばず、音楽を自由に楽しめるのが、ギターの良さなんです。

不登校ぎみで、先生とは口をきかないけれど、ギターを始めたら考えられないくらい変わる子どもをたくさん見てきました。無口だった子どもも、きちんと「はい」と言えるようになる。いつも遅刻する生徒に、毎回「時間を守りなさい」と叱ってばかりでは、互いに疲れてしまうでしょう。でもギターの合奏をしていれば、出だしが狂えばすぐにわかりますからね。呼吸をあわせて演奏できるようになります。自然と時間を守ることの大切さがわかっていき、自主的に時間を守れるようになるんです。

だからこそ、ピアノだけではなくギターでも教員免許が取れるように尽力していきたいと思っています。

起業家こそ、夢を持とう

この本を読んでいる人のなかには「今の自分を変えたい」「会社をもっとよくしたい」と思っているけれど、うまくいかずに悩んでいる人もいるかもしれません。

そういう方は、しっかりとした「夢を持つ」と変われます。

夢がないから毎日、生きがいを感じられないのです。社長に夢がないから、社員に夢を持たせることもできないのです。社員に夢を見させられないから、社長もふらついて自信をなくして失敗してしまうわけです。

ここでいう夢は、個人だけの夢ではありません。夢は社会もみんなもニッコリするものじゃなくてはいけません。

夢が決まったら夢を実現させるためには、どういう人事をして、お金の使い方はどうすればいいかを考えます。私が再出発の地を洋光台駅すぐのビルにしたように、どこの駅のどのビルが一番夢を実現しやすいか、というのを基準にして考えていけばいいのです。

私たちの会社では、創業時から大切にしているコンセプト「心の糧になるよい音楽をすべての人々へ」のほかに、1年ごとに変わる標語を作っています。

1年の標語の原案は、前年の8月に私が頭を捻《ひね》りながら考えます。それをもとにみんなで話し合い、ブラッシュアップして1年の標語である、その年の「夢」を作っていきます。

2024年の夢は「癒やす心を育もう」です。

夢が決まったら、実現する方法を考えます。具体的には、癒やす心をどうやって育んでいくか、それにはどういう合奏団を作ったらよいのか。年齢に合うそれぞれのメソードから、衣装や曲目、編成はどうしたらいいか。どういう場所や施設がよいか。夢を一つ一つ明確にすることで、すべてのやり方や順序、方向性が決まっていくわけです。

ちなみに2023年は、ウクライナなどの戦争を意識して「心に太陽を」でしたから、「心に太陽を、世界に平和を」と題し、ポーランドでの演奏会を決め、弟子たちを送り出しました。昔からポーランドでの音楽フェスティバルは周辺国の人々が集まる場所です。私たちは国際ギターフェスティバルのゲストとして招かれ、今回で6度目でした。今回は男性六重奏団DANROKと学園有志がポーランドに行きました。

ロシアが侵攻するまでは、演奏会を開催するたびにモスクワやウクライナ、ハンガリーの人たちもみな来てくれていましたが、ビデオで見てもお客さんの層は変わりました。演奏が終わったあとの、あの大きな熱い拍手だけで、私たちの想いが届いたのを感じて心が震えました。

漠然と夢といっても、自分の夢、家庭の夢など大小さまざまです。起業家は、きちんとした夢を持って行動に移さないと、高い確率で失敗します。毎年、多くの企業が生まれていますが、その中で残るのはほんの一握りです。しかし、しっかりとした夢があれば、その時代に合った夢を叶えるための最良の選択ができるはずです。ですから、きちんとした夢が描ける会社は生き残っていけるわけです。

希望の実現には健康も大切

どんなに仕事ができても、健康でなくては仕事を続けられません。たとえば時間を守ることは、学生から社会人まで人づきあいをする上での基本中の基本です。時間を守るというのも健康と密接に関わってきます。体内時計が整っている人は、朝しっかりと目覚められ、時間に余裕を持って過ごせます。午前中の時間を効率的に使えるか否かは、経営者にとって最も重要で、朝から動けるリーダーと、朝が苦手なリーダーでは会社の未来は変わってくるはずです。

朝から行動できる体内時計の整った人は健康ですから、長く動けるでしょう。

私も職業柄、40代くらいまでは夜型人間でした。当時は体重もあり、いくつかの不調も抱えていました。現在は朝型になり、そのころよりも健康であると感じます。

体内時計の狂ったリーダーの場合、年齢を重ねればいずれ疾患だらけになり、貴重な時間も病院に行かなくてはいけなくなります。どんどん健康なリーダーとの差が生まれます。しかし多くの人は、健康を勘違いしているんです。健康というと、肉体的によい状態であることが頭に浮かぶと思います。でも実際は違うのです。大切なのは「脳」なのです。

体を管理して動かすのは、肉体的な健康以上に脳が重要です。たとえば実年齢より若く見られたいと思ったら、多くの人はおしゃれから始めようとします。雑誌などでもメイクやファッションのことばかりで、脳のことに思いが至りません。若く見られたいなら脳が喜ぶ、幸せを感じることとの繰り返しをしたらいい。そのほうが、健康でいられるんです。健康でいられる人は、結果的に若く見えます。

おしゃれをしよう、と思っても続かない人も多いでしょう。おしゃれをすることだけを考えていたら、面倒になってしまいます。それは一つの作業でしかないので退屈なのです。

でも健康のために、おしゃれがどう結びついていくか考え、「脳が喜ぶには？」と思うと、気持ちもラクになり、続けやすくなります。逆に脳が苦しむことは、なるべくしちゃいけないですね、と言動までも変わってくるはずです。

ようするに「生きるって、楽しい！」と思える時間が増えていくことが重要なのです。私はそれを「コク」と表現しています。よく講演会や著書などで「コクのある生き方をしましょう」とお伝えしているのですが、それは「脳が喜ぶには?」と考えて行動することなんですね。そう考えて生きていくことで、これまで何かを続けられなかった人も継続できるようになると思います。

「夢」を持って、「コク」のある生き方をしていけば、ビジネスにもいい効果があり、幸せな日々を送れるはずです。そこに音楽があれば、さらに心も満たされるのではないでしょうか。

［挑戦4］

目の前の人に喜んでもらえる仕事をつくる

PROFILE

税理士法人上坂会計
代表社員／
上坂会計グループ代表

上坂 朋宏

TOMOHIRO UESAKA

1958年生まれ。大学卒業後、監査法人を経て父の会計事務所を継ぐ。会計・経営・人事労務管理・FP・ITの分野を7つの法人でカバーする上坂会計グループの代表を務める。

COMPANY

税理士法人

上坂会計／上坂会計グループ

1970年創業。「おもしろおかしく　今日より明日へ」を掲げ、中小企業の経営をサポートし、事業発展へとつなげていくサービスを幅広く提供している。

仕事はお客様から始める

私は、福井県越前市で50年続く税理士法人上坂会計の2代目です。

同時に、会計・経営・人事労務管理・FP・ITの分野で事業を展開する上坂会計グループの代表を務めています。現在は、日本とカンボジアであわせて7つの法人を経営しています。「なぜ、会計事務所がこんなに多方面で事業を展開しているの？」と疑問に思われるかもしれません。

そこには、ある人との出会いがあります。

「会社の真の支配者は、お客様である」

これは、日本の経営コンサルタントの第一人者であった故・一倉定《いちくらさだむ》先生の教えです。

私がこの言葉に出会ったのは、公認会計士の資格を取り、父の営む会計事務所で本格的に働き始めたころでした。

当時の上坂会計は、日々の取引を所定の帳簿に記帳し、それにもとづいて申告する「記帳申告」業務しか請け負っていませんでした。そのため、私が数字のチェックと署名をすれば、あとは他の社員でまわる仕組みになっていたのです。

それが私には物足りなかった。でも、何をすればいいのかわからず、もっとお客様を増やそう、社内の仕事の仕組みをつくろうと、やみくもに試行錯誤を繰り返します。毎日を忙しく過ごしていたものの、空回り感を拭いきることができず、もやもやした日々を送っていました。

ある日の夜中2時。急に目が覚めて眠れなくなり、ふと隣ですやすやと寝ている子どもを見たときに「自分はなんのために仕事をしているのだろう」と思ったのです。

それから、さまざまな経営セミナーに参加しました。

しかし、どれも本で読んだことがあるような内容ばかりでピンときません。そんなとき、一倉定先生に出会ったのです。セミナーに参加したのですが、「企業の中で起こったことは、すべて経営者の責任」「すべてはお客様からスタート」など、その内容に衝撃を受けました。

後日、一倉定先生の著書『経営戦略』を大阪の大手百貨店で買って電車の中で読んでいたら夢中になってしまい、鯖江駅で降りるべきだったところを金沢駅まで行ってしまったほどです。

あれから30年。「お客様の経営に関する困りごとをワンストップで解決したい」との思いで、事業を拡大してきました。しかし、ここまでの道のりは決して順風満帆ではありませんでした。

背中を押してくれた母の言葉

父の事業を継ぐことを決めたのは大学4年のときです。就職活動中に父から「話があるから一度帰って来い」と連絡がありました。

福井県の実家に戻ると、父は家業について詳しく説明をしたうえで上坂会計の申告書を見せてくれたのです。当時、都銀や一流企業でも、新卒の月給は約10万円が相場でした。しかし、父の収入はそれよりもはるかに多かったのです。その金額を知って、会計事務所の仕事ってすごい、福井に戻ってこようと、急に考えが変わりました。まったく現金な話です。

大学が商学部だったこともあり、多くの同級生はゼミの先輩を頼り、金融機関への就職を決めていました。私もその流れに乗るつもりでしたが、銀行に入ることへの強い思いもなかったので、福井に戻って税理士の勉強をすることにしました。

1980年に大学を卒業してからは、上坂会計で働きながら独学で試験に臨みました。しかし、2年経っても1科目も合格することができません。このままでは一生合格できない。そう考えた私は「2年だけ面倒をみてほしい」と、父に頭を下げて大阪市の専門学校に通わせてもらいました。

その効果は絶大で、1年間で税理士の試験科目の3科目に合格します。この調子なら来年には資格取得できるだろうと先が見えてきたとき、父が「公認会計士をめざしてみないか」と言い出しました。調べてみると、より専門性が高く、税理士と同じ科目もある。今年3科目受かったし、この調子ならやれる。そんな根拠のない自信が湧いてきて、父の提案を受け入れることにしました。

ところが、いざ勉強を始めると、簿記論も財務諸表論も領域がまったく違う。このとき初めて、ゼロから勉強しなければいけないことに気づきました。

そして次の年、試験に落ちるのです。

面倒をみてもらうのは2年の約束だったので、実家に戻って上坂会計の仕事を手伝いながら勉強して、翌年の試験に臨みました。それが、またしても不合格。このときはさすがに円形脱毛症になるほど悩みました。

ある日、「もう、公認会計士は諦めて税理士に戻そうかな」と、ポロッと口から出てしまいます。それを聞いた母は、「あんた何言ってんの。20代のころの2年や3年、後から考えたら全然問題ないわ。会計士めざせ!」と尻を叩かれました。この言葉に奮い立ち、次で最後と腹をくくって挑んだ結果、ようやく公認会計士の二次試験に合格することができました。母の言葉がなかったら、きっと諦めていたと思います。

公認会計士の三次試験の受験資格を得るためには実務経験が必要です。そのため、大手の監査法人に入所。31歳のとき三次試験に合格し、公認会計士の資格を取得しました。

コンサルティング会社を立ち上げるが、仕事がない日々

1988年に監査法人に入社し、仕事にも慣れてきたころ、取引先から「原価計算のやり方を教えてほしい」という相談を受けました。しかし、監査法人は、監査以外のことを引き受けることができません。「業務時間外に対応してもよいでしょうか」と上司に聞いてみましたが、「あなたは監査法人の人間なんだから、業務時間外だろうと休日だろうと、対応してはいけません」と一蹴されます。

いま考えると当たり前なのですが、当時の私には受け入れることができませんでした。目の前に困っている人がいるのに何もできない。そのことに折り合いがつけられなくなっていきます。

そこで私は、１９９０年にファーム株式会社（現・株式会社上坂経営センター）を設立しました。監査法人で一緒に働いていた先輩と私、もう一人の公認会計士３人でコンサルティング事業を始めたのです。しかし、当時の福井県では、コンサルティングは認知されていなかったので、仕事がない状態が続きました。

待っていても何も始まらないので、アクションを起こします。

最初に取り組んだのはＤＭです。４０００万円以上の所得がある企業約２００社にＤＭを送付。公認会計士が３人も集まっているんだから申し込みが殺到するんじゃないかと、期待していましたが何の反応もありませんでした。

銀行訪問もして「コンサルティングを必要としている企業を紹介していただけませんか」とお願いしても、誰も紹介してもらえません。途方に暮れる日々でした。

そんな状況下で、妻の実家の仕入れ先がとても業績の良い企業であることを知り、義父にその企業の経営者を紹介してもらいました。

その経営者は開口一番「先生、何ができるの?」と言われました。

「上場企業を見ていたので、会計のことはわかります」と返答すると、「ちょうど原価計算の仕組みを作りたいと思っていたので、見積もりを出してみて」と。

こうして、初めての仕事を受注することができました。

早速、私たちは仕事に取りかかりました。ところが、その会社の社員の方はまったく話を聞いてくれません。私たちに協力してくれる方は、一人もいませんでした。監査法人では、必要な資料を取引先が用意してくれてスムーズに仕事を進められていたので、こんなに苦戦するとは思いもよりませんでした。でも、このまま引き下がるわけにはいきません。そこで、その会社の作業服をもらって、毎日現場に行くことにしたのです。毎朝8時に出社し、ラジオ体操から一緒に参加しました。それでも、なかなか受け入れてもらえなかったのですが、2週間ほど続けていると、ようやく担当部長が私たちの話に応じてくれるようになったのです。

3カ月ほどで原価計算の仕組みが完成。そのころには関係部署の方たち全員が協力的になっていました。相手の懐に飛び込むことの重要性を学びました。

会社の預金が3万円に

その取引先企業が幸運にも傘下に幾つか会社を持つグループ企業だったので、関連会社から次々と仕事の依頼が来るようになり、コンサルティング事業は軌道に乗っていきました。そのうちに、会社の売り上げの8割をそのグループ企業が占めるようになります。経営の定石では、1社に頼るのは売り上げの3割まで。それ以上になると、リスクが大きくなるため絶対に避けるべきです。

どうにかして改善しなくては……。

そう考えていた矢先、その取引先企業の財務担当役員が年の瀬に急逝しました。すぐにそこのトップから「話がしたいので来てほしい」との連絡があり、会いに行きました。すると、「うちの担当をしているあなたの会社の会計士をうちの会社にくれないか」と言うのです。この企業の仕事は、専任担当1人、サポート2人で対応していたのですが、その専任担当に自社に来てほしいという話でした。

当然、受け入れることはできません。なぜなら、彼が移籍すれば、お客様の企業内で仕事がまわせるようになるため、外注する必要がなくなります。それは、私たちの会社の売り上げの8割が消えることを意味します。また、今後の事業展開のためにも彼は欠かせない人材です。そのため、一度はお断りしました。

でも、彼に何も話さずに決めてしまうのもよくない。私たちは会社の立ち上げから一緒にやってきた仲間です。当然「そんな話、断ってくれていいよ」と言ってくれると信じていたので、食事をしながら軽い気持ちで話しました。

「担当している企業から引き抜きの話がきているんだけど、断っていいよな」

「いや、僕は、行ってもいいですよ」

まったく予想をしていなかった回答に、ショックを受けました。話を聞くと、「もっと大きな仕事がしたいと思っていた」とのこと。もともと優秀な人材ではあったし、だからこそ、その企業を任せていたのですが、まさか、そこまで考えているとは思ってもみませんでした。でも、本人が行きたいと言っている以上、引き留めるわけにもいきません。

彼は会社を去っていきました。私は、彼のことを理解していなかったのです。人生観など、もっといろいろな話を彼としておくべきでした。

その後、しばらくは移籍した企業から彼が仕事を依頼してくれていたのですが、それも2年ほどでゼロになります。その間に、新規の仕事を獲得するべく、営業をかけましたが、思うような成果は得られません。あっという間に売り上げは減っていき、気づけば会社の預金が3万円になっていました。

父には頼りたくなかったのですが、さすがにそのときは頭を下げて、上坂会計のお客様に提案をさせてもらいました。すでに信頼関係ができているため、困りごとをうかがうと相談していただけるようになり、それに応える形で会社を立て直していきました。

社員13人中5人が一気に退職

監査法人を退職し、平日は上坂経営センター（旧ファーム株式会社、会計士3人で立ち上げたコンサルティング会社）、土日は上坂会計と、多忙な毎日を過ごしていた1993年、父が脳梗塞で倒れました。幸い命に別状はなかったのですが、丈夫な人だったので、心底驚きました。

これまで、あれこれとチャレンジしてこられたのは、父がいたからなんだ。当たり前のことですが、父が倒れてから初めてこのことに気づきました。これからは、上坂会計と上坂経営センターの舵取りを、自分の責任において進めなければならない。その覚悟を強いられた一年でした。

それから、上坂会計の仕事を毎日するようになり、改革を進めました。

まずは、お客様に対してです。試算表を見て状況をお伝えするのが仕事ですが、「そんなこと、数字をみればわかる」と言われていました。つまり、お客様はどうすればいいのかのアドバイスを求めていたんです。そこで、資金繰り表を作成して将来の状況を予測する、利益率改善の対策を考えるなど、試算表や申告書ができる前の段階からかかわるように業務内容を追加していきました。

次は社内です。当時の上坂会計は父のワンマン経営で、大事な情報はすべて父の頭の中にありました。たとえば、お客様の会社が過去に税務調査を受けたことがあっても、そのことを父以外は誰も知らない。記録にも残っていない。そのほか、決算報告書や法人税などの確定申告書の作成は、これまですべて父が行っていたため、業務の過程が見えなくなっていました。

私は早速、共有するべきことを洗い出していきました。また、各担当者は自分の仕事に責任を持ち、最後までやり切るべきだとの考えから、社員の業務記録を残す書類を作成して運用を開始。「きちんと記録を残すように」と指示を出しました。

すると、当時13人いた社員のうち5人が「退職したい」と申し出てきました。

理由を聞くと、「管理されることが自分の体質に合わないと思うので」と言います。また、これまでは、父の言ったことだけをしていればよかったのですが、コンサルティング業務を始めたことで、負担が増えてしまったことも原因だったようです。私は、お客様の要望に応えることばかりに必死になっていて、社員の気持ちがわかっていなかったと思います。

父に報告すると、「お前のせいで社員が辞めたんやから、お前がなんとかせい」と言われました。あとから思えば父なりの叱咤激励だったのでしょうが、正直、不安でいっぱいでした。

記帳申告は月末が締め切りなので、それまでに絶対終わらせなければなりません。お客様にご迷惑をおかけしてはいけない。私を信頼して残ってくれた社員のためにも会社を続けていかなければいけない。そんな思いが頭をめぐり、「やるしかない」と腹をくくりました。そうして、残った社員みんなで声を掛け合って、なんとか期限に間に合わせることができました。

企業の中で起きることは、すべて経営者の責任だという一倉先生の言葉がしっかりと理解できた出来事でした。

私を本気にさせた保険会社支店長の言葉

経営にまつわる相談を受ける中で、よく保険の話が出ていました。福井県は眼鏡や漆器、和紙の産地。当時、中小企業も多くの利益を出して、経費が膨らんでいたのです。経費で多かったのは、交際費、保険料、役員報酬。そのうち、交際費と役員報酬は自分たちでコントロールできますが、「保険料はどうやって減らせばいいのかわからない」との声を聞いていました。たしかに、保険の見直しには知識が必要です。私も保険のことはまったくわかっていなかったので、対応できていませんでした。そこで、保険の勉強をしてアドバイスを開始します。

最初は、不要な保険を減らす提案をしていましたが、取引先から「解約するだけでは不安だ」との声を何度か耳にします。その都度、保険会社を呼んで、どうすればいいか相談していたのですが、これがどのような経理処理になるのか、保険会社の方は専門外です。経費になるのか、資産計上しなければいけないのか、いろいろ説明が必要です。そんなことを繰り返すうちに、「この手間を考えたら、自分が保険代理店になって自分で販売したほうが早い」と考え、資格を取って保険代理店を始めました。

保険事業は順調に伸びていきました。保険料は下がり、保障はあまり変わらないので、企業側に損はありません。また、長年付き合いのある会計事務所が提案する保険なので、安心感もあります。開始から半年で、保険販売の成績が北陸でトップになり、成績優秀者が招待される海外視察で北欧を訪れました。そこで、ファイナンシャル・プランナー（FP）という職業があることを知ります。ヨーロッパでは、個人資産をFPに預けて管理してもらっていました。これは日本にも必ず入ってくる。そう確信した私は、1994年に有限会社ライフデザイン研究所（のちに株式会社に組織変更）を設立しました。

中小企業の福利厚生の一環として、社員のライフプランを作成するサービスを考え、早速営業を開始。ある会社の社長に提案しました。

「いい話やな。どこかの会社で実際にやっているところはあるの？」

「いえ、御社が初めてです」

「ほかで採用するところが出てきたら、考えてもいいよ」

こんな調子で、立ち上げ当初はまったく仕事がありませんでした。

そんなとき、別の保険会社の支店長から「弊社の代理店になりませんか？」と提案がありました。ちょうどそのころ、乗合代理店制度が始まって、複数の保険会社の代理店登録ができるようになっていたのです。ＦＰ事業が軌道に乗るまでは、まだ時間がかかる。ならば、保険事業を強化しようと、代理店になることを承諾しました。

もともと代理店登録をしていた保険会社は、弊社に専任の担当者をつけてくれていたので、取引先を紹介するまでが私たちの仕事で、その後の手続きはすべて担当者にお任せしていました。そこで、新しく代理店契約を結ぶ保険会社の支店長にも、何度か打ち合わせを重ねた後、「専任の担当者をつけるなど従来の保険会社と同じような体制を整えてほしい」とお願いしました。すると、支店長から「弊社ではそのようなことはしません」とお断りされました。それならば、無理して取引する必要はありません。

私が「それじゃあ、この話はお断りします」と言うと、支店長がこう言われました。

「先生は、保険の仕事を片手間でやっているんですか」

この言葉にカッとなり、「私の本業は会計事務所だから、保険の仕事は片手間だ」みたいなことを言ってしまいました。すると、支店長は「もちろん、先生の本業が会計事務所なのは存じ上げています。ですが、一度考えてみてもらえませんか」と。その日は、ムカムカして眠れませんでした。

それから1週間ほど経って冷静に考えると、保険事業があると経営に一つの基盤ができるのは事実。もっと本腰入れてやったほうがいいんじゃないか。そう考えた私は支店長に謝罪し、新たな保険会社とも取引を開始しました。同時に、これまでの体制を見直し、契約の手続きも担当者任せにせず、すべて自分たちで完結するようにしたのです。

こうして保険事業を強化していく中で、投資信託の購買代理店としての事業も徐々に展開していきました。そして2008年、リーマン・ショックが起きました。

株価が急激に下がると、どの方も心配になるもの。解約したほうがいいかどうかの相談がたくさん入ります。あのときは、ライフデザイン研究所の代表を務める蒲幸恵と2人で取引先を訪ね、「いま解約しないほうがいいと思います」と伝えました。

投資の王道は「長期国際分散投資」です。国内外の値動きの異なる資産に分散投資して長期保有することで、資産運用の安全性が高まります。毎月一定額を買い続けるため、株価が値下がりすると、その分多くの株を買うことができます。状況を説明し、結果的にお客様の約9割の方に継続してもらうことができました。

私は主要なところだけ付き添いましたが、蒲は約200件の取引先をまわって説明していたので、本当に大変だったと思います。そのおかげで、いまはお客様にすごく感謝されています。なぜなら、解約せずに投資を続けていたお客様は全員、資産が増えているからです。

めざしたのは経営とITの融合

2002年には、有限会社ビジネス・アイ（のちに株式会社に組織変更）を設立しました。この会社の代表を務める栃川昌文と出会ったのは、いまから20年以上前です。私が1994年から執筆し、取引先に送っている「ＡＤＡＹ」という週刊レターがあります。これは、私自身が「お客様に対して世の中の状況を伝えて経営の参考にしてほしい」との動機で始めたものです。有料で配信していたのですが、当時、ＩＴ関連の外郭団体に勤めていた栃川がこれを読んでくれていて、実際に何度か会って話していました。

ある日、栃川から「いまの会社にいても、自分のやりたいことができないので独立を考えているのですが、どう思いますか?」と、相談を受けます。経営はものすごく大変だからと私は反対しました。栃川は「もう一度考えます」と言って帰ったのですが、しばらくして会社を退職し、ＩＴ関連の県の外郭団体に入りました。

それから数年後、私を訪ねて「やっぱり自分で独立してやってみようと思います」と栃川。私は「だったら、僕と一緒にやりませんか」と提案し、快諾してくれました。ちょうどそのころ、「基幹システムを入れ替えるにはどうしたらいいでしょうか」といった、デジタル化に関する相談も増えてきていました。しかし、社内に詳しい人材がいないので、そのような相談があったときは、付き合いのある会社を紹介していました。そこで、起業したのがビジネス・アイです。

当時、デジタル化推進のための国の補助金制度があったので、企業も積極的に取り入れようという機運もあり、最初の2年間は順調でした。しかし、補助金制度がなくなると、急に仕事が減っていきます。いまでは考えられませんが、当時デジタル化は、経費ばかりがかかって利益を生み出さない「金食い虫」と呼ばれていました。そのため、中小企業はデジタル化になかなか踏み出せなかったのです。

私たちのビジネスモデルは、経営者に話を聞いたうえでその会社の事業に最適なソフトウェアの設計図を作った後、入札により開発事業者に委託するといったものです。ただ業績が上がらない中で、私は「ソフトウェア開発に乗り出すべきではないか」と栃川に言いました。

すると、栃川は「ソフトを作るようになると、こちらの都合でお客様と話をするようになります。それはめざすものと違う」と答えました。「こちらの都合」というのは、「ソフトを作る側の都合」という意味です。ソフト開発を手掛けると、自社の都合が優先されて、お客様の経営にどのようなプラスの効果が生まれるのかを考えなくなる。彼がめざしているのは、「経営とITの融合」です。私もその考えに共感しました。なぜなら、根っこがお客様から始まっているからです。

いまでは県や市からもDXの相談を受けるなど、スケジュールに空きがないほど依頼が来るようになりました。理想こそ、継続の原動力なんだと再認識しました。

海外進出、そして社会保険労務士法人を設立

2012年にはカンボジア現地法人UESAKA ASIAを設立し、海外進出を果たします。その背景には、ある思いがあります。

以前、中国進出を考えていたときのこと。中国視察ツアーに参加した私は、文化の違いから「中国進出はない」と判断します。一方で、先輩の公認会計士はその1年前に視察に

行き「これからは中国だな」と見極め、中国に事務所を設けて大成功をおさめていました。先輩と私が見ていた事実は一つなのに、それをどう解釈したのかが違っていたのです。私は、中国で成功できなかったことよりも、同じ景色を見てそれを好機と捉えることができなかったことを反省していました。

それから20年後、知人から「カンボジアを視察しませんか」と一通のメールが届きます。当時、タイやベトナムには日本企業が多く進出していましたが、カンボジアには日本企業も会計事務所もほとんど進出していませんでした。そのとき、私は体調を崩していたため、上坂経営センター代表の片川長州に視察を委ねました。

「カンボジアに進出しましょう！」

視察を終えた片川から予想以上にポジティブな報告を受けて、私は覚悟を決めました。

「カンボジアに来る日本企業は、状況が悪くなるとすぐに撤退する」と、カンボジアメコン大学の先生から言われたことがあります。中国や欧米の企業よりも引くのが早いということです。

そんな事実を聞かされると、安易に撤退してはならない。仮に、上坂会計の状況が悪くなったとしても、いまカンボジアで働いてくれているメンバーを雇い続ける覚悟です。

カンボジアに進出したことで、海外に進出するという私の夢が叶いました。そしてカンボジアでの事業は上坂会計グループ全体にとっても重要な位置づけになっています。これからもカンボジア社員のために投資を続けていきたいと思います。

２０１４年には、社会保険労務士法人上坂＆パートナーズを設立しました。「給与計算をお願いできないだろうか」「社員の評価制度はこれでいいだろうか」という相談があり、以前から人事労務の重要性を感じていました。しかし、人事コンサルタントを専門とする会社はたくさんあります。そこと競合になるのは避けたいので、まずは会計事務所を経営していたこともあり、コンプライアンスを基調とした事業にしようと考えました。

そこで大塚千夏と鳥居智司の２名が社会保険労務士の資格を取得。その後、法人を立ち上げると事業は順調に進んでいきました。なぜかというと、上坂会計のお客様の多くは、別の会社に給与計算をお願いして最後の税金のところだけ上坂会計に依頼していました。依頼側の立場に立って考えると面倒です。できることなら、一つのところに依頼したい。

そうして給与計算の仕事を受けるようになると、就業規則や人事制度などの相談をいただくようになり、現在は、中小企業に必要な人事労務管理全般を支援しています。労務の仕事が順調に推移しているのは、上坂会計の基盤があったからです。相乗効果の威力を感じます。

同志的結合をつくる

「上坂さんの社員は、みんながお客様に向いているけど、どうやって育てているの？」

ある会社の社長がうちの社員の対応を見て、こう言われました。私は社員に「お客様のことを第一に考えなさい」と言い続けています。依頼には素早く応えたり、言われた以上のことを返したりと、社員はそれぞれのやり方で実行してくれています。それがお客様の目に留まったのかもしれません。数人のお客様から、同じような話をいただきました。そのうち何人かの経営者から「上坂さんの社員教育のノウハウを活かした社員育成セミナーをやってくれないか」との要望をいただくようになります。「もし、セミナーを開催してくれるなら、うちから10人出す」と言う社長もいらっしゃいました。

そこまで言っていただけるのであればと、「自己経営社員セミナー」という私どもの人材教育のエキスが詰まったセミナーを企画しました。

これは、次世代リーダーを対象として経営の原理原則を学ぶこと、参加者同士で交流を深めることを目的に、1泊2日の合宿形式で年間2〜3回開催するものです。

いざ、参加者を募り始めると、人が集まりません。「10人出す」と言っていた社長の会社からは、結局1人しか参加しませんでした。そこで、上坂会計のお客様に声をかけて、なんとか10人ほど集めて、そこにうちの社員も入れて第1回を開催しました。その後、数年間このセミナーを続け、最後のほうは約30人が参加するまでになりました。

うちの社員に「また、セミナーやろうか」と言うと嫌がられます。それには、納得する部分があります。合宿では参加者が個々の悩みを打ち明け、ディスカッションしながら解決策を探ります。それから2回目を開催するまでの間に、うちの社員が参加者と何度か会って話をします。そこでまた、いろいろな悩みを聞いて解決の方向を探ります。こういったことを1年間続けていましたので、彼らも相当しんどかったのでしょう。でも、当時セミナーに参加していた皆さんは、いまそれぞれの会社で役員や部長をされている方が多く、うちの社員ともいい関係が続いているようです。

セミナー参加者の悩みで多かったのは、「後輩が育たない」「自分の言っていることが浸透しない」といった、育成に関するものでした。

そんなとき私は、「まず相手を信じることから始めませんか」と伝えます。

「部下が何度言ってもできるようにならない」と嘆いている人は、途中から「こいつはできない」と決めつけてしまいます。そうではなく、「この人はできるはずだ」ということから始めると、言葉も行動も違ってきます。そして「この人が言うなら、やってみよう」と思ってもらえるようになるのだと思います。

当たり前ですが、人によって能力は異なります。たとえば、Aさんの能力が１００、Bさんの能力は60だとします。この場合、Bさんは、Aさんのレベルには達しません。60がBさんの全力なのです。でも、その人なりの全力を出していればいいわけです。全員を１００に揃えようとするから、おかしな話になる。Bさんが60までできているなら、それはAさんの１００と同じだと思います。

「あなたが一生懸命なのはよくわかっている。でも、私たちがめざしているレベルに引き上げるために、もうちょっとがんばってみないか」

こんなふうに、Bさんのがんばりを認めたうえで話をしていくことが重要です。すると社員は、「私を見てくれている」「ここに居てもいいんだ」と思うようになる。その連続が、「この人が言うなら、やってみよう」につながっていくのではないでしょうか。

よく言われるステークホルダーとは、利益的結合で成り立っています。お客様は安く買いたい、企業は高く売りたい、社員は給料を上げたい、企業は上げたくない、これが本音です。しかし、単なる利益的結合で終わってしまうと、ずっと相反関係のままです。それを乗り越えるためには、まず経営者と社員が同じ志を持つ「同志」になることが必要だと思います。

そして経営者は「なぜ、自社の商品やサービスをお客様に利用してほしいのか」との問いに、明確な答えを持っていなければなりません。自社の商品やサービスに自社の理念がどのように具現化されているかを社員に伝え続けることが必要です。

上坂会計グループでは、同志的結合を生むために、さまざまな取り組みを行っています。たとえば、人間学の月刊誌『致知』を読んだ後に感想文を書いて、お互いの長所を見つけて伝え合う「社内木鶏会」を毎月開催しています。

また、月ごとに設定したテーマに合わせて社員がエッセイを書き、社内で共有する取り組みを実施。一定期間分のエッセイを小冊子にまとめ、いつでも読めるようにしています。そのほか、全社の集合研修である年2回のビジネスキャンプで、各チームの目標を共有しています。

実務に必要なテクニカルスキルの研修を実施している企業は多いのですが、人としてどうあるべきかというヒューマンスキル研修に積極的な企業は少ないのではないでしょうか。

同業の友人からは「お金がかかるのに、そんなムダなことをしてどうするんだ」と言われますが、むしろ、ここにこそ時間とお金をかけるべきです。そうしなければ、同志的結合は生まれないと思います。

周りの経営者からは、「人を雇ってもすぐに辞めてしまい、なかなか定着しない」という悩みを聞きます。私は過去の経験から環境づくりに取り組んだ結果、いまでは退職者がほとんど出ないようになりました。

これまでを振り返って、確信を持って言えるのは、絶対に自分一人の力ではできなかったということ。一緒になってやってくれる仲間がいたから、いまがあります。

「絶対潰さない」気持ちが大事

取引先に夫婦2人で卸販売業を始めた会社があります。その会社には最初からかかわっていたのですが、なかなか利益が上がっていきませんでした。数字を見た私は社長に「このままでは潰れますよ」と率直に伝えました。体が大きくて声が低くて強面な社長は「俺によくそんなことが言えるなぁ」と言いましたが、それが私の仕事です。

私の座右の銘は、「至誠にして動かざる者は　未だこれあらざるなり」です。吉田松陰先生が好んでよく使った孟子の言葉で、「誠意を尽くせば、どんなことでも動かすことができる」という意味です。だから、伝えにくいことでも、お客様のためになることであればはっきり言います。逆に、お客様の経営がうまくいっていないときは、自分がまだ至誠をもって動いていないのだなと思うようにしています。「潰れますよ」と言った後、この社長とはいろいろな話をするようになりました。

あるとき、その社長が「レールに使う部品がよく売れている」と言うので、「それがどんなところで使われているのかを調べてみては」と伝えました。その社長が調べたところ、なんと梅の収穫に使う重機を運ぶためのレールに使われていることがわかりました。福井県の南、嶺南《れいなん》地域は、福井梅の一大産地として知られています。そこで社長は、レールを仕入れて自ら施工する事業を始めます。それを応用し、新しいお客様を開拓して受け入れられました。いまでは立派な企業に成長しています。

いまは起業しやすい時代です。成功した企業がメディアで取り上げられる一方で、多くの企業が倒産しています。企業の最大の目的は、存在し続けることです。だから、起業したのなら、絶対に潰してはいけないのです。

そのためには、数字をしっかりつかんでおくこと。理念と結果は同じレベルで考えます。理念だけでは企業は存続できないのです。

私もいろいろなチャレンジをしてきましたが、最初からうまくいったことはありませんでした。失敗と改善を繰り返しながら、経営を続けています。

仕事は人生そのもの

もう20年以上のお付き合いになる会社があります。中国にも支社があり、社員も数百人いる大きな会社なのですが、そこの先代社長が急逝したときのことです。カリスマ的な経営手腕で会社をリードしていた社長が突然亡くなり、当時20代だった娘さん（現在は代表取締役社長）、専務、常務がすぐに訪ねてこられました。

「これからのことについて相談に乗ってほしい」

先代社長は、重要なことを決めるとき、よく私に相談していただきました。その姿を娘さんや専務、常務も見ていたので、すぐに思い出してくれたのではないでしょうか。

判断を誤ると、会社がバラバラになってしまう可能性がある重要な局面でお役に立てる。責任の重大さを感じながら、当時の状況や今後どのようにしていきたいかなどを話し合い、事業方針を決めるお手伝いをしました。

一通りの整理がついたあと、娘さんから「先生がいてくれてよかったです。もし、いてもらえなければ、どうなっていたかわかりません」と声をかけられたとき、涙が出るぐらいにうれしく、そして先代の顔が浮かびました。

これは、長いお付き合いのなかで築かれた信頼関係があったからできたことです。お客様の目の前の課題解決に貢献するのはもちろん、将来のことも考えた行動が信頼関係を育むのだと思いました。

経営を定義するならば「投資回収のしくみと活動」です。それをつかさどるのが経営者です。しかし、それだけだと無味乾燥だから、社員には「お客様に思いを馳《は》せてほしい」と伝えています。たとえば、入力作業そのものは無味乾燥です。だけど、お客様に思いを馳せて入力していれば、その思いはいつか絶対伝わります。

これは仕事だけでなく、家族や友人のことも同様です。きれいな風景を見たら、あの人にも見せたい。おいしい店を見つけたら、あの人と一緒に行きたい。だから、写真を撮ったりメモをしたりしておく。

そんな行動が人を喜ばせるのではないでしょうか。

私が次の世代に引き継いでいきたいのは、人としてどうあるべきかです。

いつも心の中に感謝と喜神を持ち、陰徳を積むこと。これは、哲学者の安岡正篤先生の教えです。喜神とは、つらいことがあっても何かいいことがあるはずだと喜ぶ心を持つこと。陰徳とは、人が見ているか否かにかかわらず最善を人のために尽くすことです。

私どもの社是である「おもしろおかしく　今日より明日へ」の後半部分の「今日より明日へ」には、今日より明日、少しでもほんのちょっぴりでもいいので成長してほしいという思いが込められています。では、成長するとはどういうことでしょうか。

私は、「あなたがいてよかった」と言ってくれる人を増やしていくことだと思います。だから、幹部社員には人を育てることを大事にしてほしい。あなたが教えたことを後輩が実践する。そうして、成功体験を重ねれば、「あなたがいてよかった」という人が増えていきます。

うまくいかなかったら自分で考え、それでもわからなければ、また教えてもらって実践する。この繰り返しが会社の中にできてくれれば、結果的にお客様からも支持される会社になっていきます。そうやって、会社が人生の学校になっていくのが私の理想です。

利益を上げていかなければ、社員に投資ができません。でも、それは逆で「社員が育たないと利益が出ない」。これが真実だと思います。

先ほども紹介しましたが、私どもの社是は「おもしろおかしく　今日より明日へ」です。朝起きたときに、会社に行きたいと思えるような場所にしたい。そして、毎日少しずつでいいので、成長を感じられる会社にしたい。そんな思いを込めました。おもしろくないことを続けるのは、しんどいですからね。

私は、人が喜んでいる姿を見ているのが好きです。人のためになることをしようと思ったら、仕事を通して実現するのが、もっともやりやすい。だから、私にとっての仕事は、人生そのものです。

［挑戦5］

変化を恐れず突き進んだ50年

PROFILE

相談役

高見 貞徳

SADANORI TAKAMI

1940年、富山市生まれ。中学卒業後、陸上自衛隊通信学校に入るが大学への進学を志望し除隊。夜間定時制高校や職業訓練校を経て、大阪と富山の鉄工所で設計士として働く。28歳で独立。

COMPANY

株式会社

アイペック

富山で初めての非破壊検査の専門会社。ビルや橋、トンネルの建築物のほかガソリンスタンドの地下タンクや埋設配管などあらゆる構造物の検査に対応する。堅実な経営と確かな技術力に加え、時流を読んだサービスで安定成長を続ける。富山県の中小企業経営モデル選定企業。

「成功」ってなんだろう

$y=ax$という1次関数がありますね。それを事業の実績に置き換えるなら、aの値は大きい方がいい。そんなイメージを持つ人は多いかもしれません。ところが、私はそのようには考えません。急激な成長よりも大切なのは、安定して成長を続けることです。傾きが右肩上がりであるかぎり、aは小さくてもいい。そう私は思います。

「もっとよくなりたい」。物心ついたときからそんな気持ちで生きてきた私は、高度経済成長期に起業しました。日本が世界に誇る多くの新しい産業や技術が生まれ、経済が飛躍的に向上した時期でした。若い方は想像が難しいかもしれませんが、高度経済成長期とは誰もが「明日はきっとよくなる」と信じられた時代だったのです。

当時は誰もが戦中戦後の苦しい時代を生き抜いてきた体験を共有していたせいかもしれません。食べるものにも事欠くひもじい暮らしを経験すれば、たいていのことは乗り越えられるはずです。

ところが、この高度経済成長期のころから、成功モデルと呼ばれるものが登場します。できるだけ高い学歴を得て、一流企業に入る。それがもっとも安全で、成功している人の代名詞とも言われ始めたのです。

「起業なんてとんでもない」。それが世の中の一般的な感覚だったように思います。それが２０００年代以降、起業を志す若い人が少しずつ増えてきました。私はそうした状況をうれしく思っています。

私が起業して50年が経ちました。爆発的な成長はないものの安定的に伸び続けた当社は、今、非破壊検査の分野では富山でナンバーワンの存在となりました。しかし、最初から非破壊検査の会社だったわけではありません。長く続けるには継続だけでは不十分。ときには思い切った転換も必要です。今風に言うなら、ピボットですね。

戦前生まれの私が、どのような変遷を経て事業をピボットしたのか。多くの経営者や、これからの時代を生きる若い起業家に向けて、私が伝えられることを伝るのがこの本の趣旨です。

見えない部分を調べる

まずは私が相談役をしている会社、株式会社アイペックを紹介したいと思います。

アイペックは非破壊検査を行う建設コンサルタントの会社です。ほとんどの方は、非破壊検査をご存じないでしょう。非破壊検査とは、ビルや工場などの構造物や、橋やトンネルなど社会インフラの内部を破壊せずに調べる検査方法のことです。

非破壊検査が登場する前は、対象物を切断したり一部を壊したりして欠陥の有無を確認していました。しかし、この方法は対象物の価値を損ないますし、時間やコストがかかりすぎるのが問題でした。そこで内部を破壊せずに調べられる検査方法が登場したというわけです。というのも、高度経済成長期に建設された橋やトンネルなどが老朽化し、安全性に対する認識の高まりにつれて、非破壊検査のニーズが増えています。

非破壊検査を依頼するお客様は、構造物を少しでも長くもたせようとして当社にご依頼くださいます。特に橋やトンネルなど社会インフラの建設には桁違いのお金がかかりますから、できるだけ長く使いたいと思うのは当然のことですよね。構造物の欠陥は、目視やハンマーを使った打音検査でもある程度見つけられるものの、それだけではどうしても抜けや漏れがあります。構造内部の欠陥を見つけるには、人の病気をレントゲンやCTで検査するように、非破壊検査で内部の状況を調べた方が安心です。事故を起こさないために、そして維持管理のコストを下げるために、非破壊検査で劣化診断を行っています。

アイペックの強みは、日本溶接協会（ＪＷＥＳ）の資格者が多いことです。その数は全国に約１５０社ある同業の中でも、上位にランクされています。

鉄構造、コンクリート、土木などさまざまな工種の検査に対応できることもアイペックがお客様にご支持いただいている理由だと考えています。建設業界には安全衛生水準の向上に貢献した事業者を表彰する安全表彰というものがあるのですが、アイペックはその常連です。一般的に無事故は5年ほどといわれていますから、それと比べて30年もの間、事故がない当社は高い水準といえます。

私が社員にいつも言っているのは「安全を守る仕事をしているのだから、自分がケガをしたら私たちの仕事の質が疑われるよ」ということです。みなさんは、「そりゃそうだろう」と思うでしょう。言葉通りに受け取ることもできますが、会社が社会にどのような価値を提供しているかを実感できていないと、しっかり自分ごとにはできないという思いを込めています。

近年、若い人の間で「自分の仕事にどんな意味があるのかわからない」と感じている人が増えているといいます。勤めている会社の事業が社会にどんな意味を持つのか、そしてその一員である自分の仕事にどんな意味があるのかがわからないというのです。自分を成長させてくれる意味のある仕事をしたいと考える人も増えていると思うので、その疑問は深刻です。

なにしろ、1日のうち8時間は仕事をして過ごします。1日の3分の1です。長い人はもっと多くの割合を占めているかもしれません。それなのに、そこに意味を見出だすことができなければ、なんとも悲しいことではないでしょうか。

アイペックは社員を対象に、仕事への満足度調査を定期的に実施しています。その調査では、93％が「私の会社の事業は社会の役に立っている」と回答しました。「私は今の仕事を通じて、さらに新しい知識や能力を身につけることができる」と回答した社員は7割以上。私はこの結果を見て、社員が会社の役割を理解し、会社を自らの人生設計を実現する場としてとらえてくれているのだと感じました。

このようなことが影響しているのか、大卒社員がほとんどいなかったアイペックにも、最近は大卒者からの応募が増えています。２０２２年、アイペックは富山県の中小企業経営モデルにも選定されました。

お金がない

そもそも、なぜ私は起業したのか。ここから、その背景をお伝えします。

１９４０年、富山県富山市で私は生まれました。家族は両親と祖父母のほか７人兄妹の計11人です。私が生まれた翌年、日本は太平洋戦争を始めましたから、物心ついたころには山中に疎開していました。

戦争が終わり自宅に戻ったものの、とても住みにくかったですね。11人家族の大所帯ですから、家は狭い上、戦後で十分な食べ物もありません。いつもお腹をすかせていた私は、中学を卒業すると横須賀にある陸上自衛隊通信学校に入学することにしました。

私は小学生のころから勉強が好きでした。ところが、うちには私を高校に進学させられるだけの余裕はありません。だから「陸上自衛隊の通信学校に進学しよう。そうすればお腹いっぱい食べられる上、窮屈な暮らしから解放される」。そう思いました。

通信学校では、４年かけて電子工学の基礎を勉強することになっていました。でも、学ぶうちにどんどん勉強がおもしろくなっていき、大学に進学したいという気持ちが強くなってきました。そこで途中で自衛隊を除隊し、夜間の定時制高校に編入。アルバイトをしながら大学をめざしました。

しかし、合格しませんでした。家庭の懐事情を考えると、浪人するような余裕はありません。そこで大学進学をきっぱりとあきらめ、大学に行かなくてもできることは何かを考えました。私の答えは商売をすること。当時、19歳でした。

勉強は学校じゃなくてもできる

高校を卒業したらどうしようかと思っていた矢先、兄に「溶接をやったら」と勧められました。そこで溶接技術を学ぶために1年間、職業訓練を受けることにしました。今から思えば、溶接を始めたことが、今につながっているような気がします。

溶接の実技は4人1組。1度に1人しか実習できないので暇そうにしていると、先生から「待っている時間に製図の勉強をしたら」と言われました。もともと勉強好きでしたから、何でもチャレンジしました。独学ではありましたが、製図の心得がある人が欲しいという話をいただき、卒業後は大阪の鉄工所に就職しました。「拾ってもらった」というほうが正確かもしれません。

初年度はそれほど任せてもらえる仕事がありませんでした。昼は鉄工所に勤め、夜は大阪府立大学工業短期大学部（1983年閉学）で機械工学と電子工学を勉強しました。ところが1年ほどたつと、鉄工所の仕事が忙しくなり、大学に行く余裕がなくなってしまいます。

ここで私は自問しました。目標は大学で勉強することなのか？　どんな人間になりたいと思っているのか？と。

そこで、プラント設計士として使い物になる人材であることを、会社に認めてもらいたいと考えました。勉強は、学校でなくてもやる気と本さえあれば、ある程度のところまでは自分でできます。そう決めて大学を退学しました。

それほど、私は当時、プラント設計に夢中だったのです。

設計士の経験を積んだ会社員時代

ここでプラント設計の仕事がどのようなものかを簡単にお伝えしたいと思います。

プラントの設計士は、プラントの目的や大きさに合わせて、工場の柱やタンク、機械、電気の配線や水道管をどのように配置すればよいかを考える仕事です。大まかにプラントの形や配置を決めた後、実際にプラントを建てるための細かな計画を作ります。プラントの建設工事の予算は、設計図を元に積算しますから、とても重要な仕事です。

ときは高度経済成長期。どんどん工場ができたので大忙しでした。けれど、あるときからどうにも咳が止まらなくなります。息をするのも一苦労というありさまで、仕事どころではなくなってしまったのです。

原因は光化学スモッグでした。車や工場の排ガス規制がなかった当時、都会の空気はたいへん汚れていたのですね。「こんな空気の悪いところにいてはダメだ」と医者に言われ、4年勤めた大阪の会社を辞めて、郷里・富山に戻ることにしたのです。

タイミングよくプラント設計士を探している会社と出会い、就職することになりました。その後、結婚や第1子の誕生など個人的なイベントを経て28歳のとき、「いつか自分で事業をしたい」と考えていたことを思い出して、退職を申し出ました。

ところが、すぐに退職することはできませんでした。何度か会社と交渉を繰り返して、ようやく個人の設計事務所を開設したのは1969年のことでした。

運命の出会い

それから3年ほど経ったころ、富山県内の水力発電所に行きました。水力発電は山の高いところにありますよね。ダムに貯まった水がパイプを通じて下に落ちるとき、発電用のプロペラが回って発電できるわけです。

プラント設計のために行ったのですが、発電所の人から「設計士なら、水力発電に使うパイプやプロペラの溶接部分の検査ができる業者を知っているだろう?」と尋ねられました。溶接部は鉄でできていますし、とても大きなものですから、分解して場所を移して検査するのは現実的ではありません。富山は鉄工業が盛んです。発電所の人も溶接部を破壊せずにレントゲン検査する鉄工所を知っていたので連絡したものの、どこも忙しくて対応できないということで、私に尋ねてきたのでした。

そのとき私は初めて非破壊検査の存在を知ったわけですが、そのときはまだ非破壊検査を事業にしようとは思ってもみませんでした。

富山で「非破壊検査」の勝算

結局、発電所は、非破壊検査ができる業者を大阪から呼んだようです。県内に検査できる人がいないのですから、仕方ないですよね。ただ問題なのは、費用が高くついてしまうということです。検査は数時間、長くても１日あれば終わりますが、大阪の検査会社にお願いすると、検査員が富山―大阪間を移動しないといけません。検査日の前後１日ずつかかります。人件費だけで３倍の費用がかかってしまうのです。

そこで私はひらめきました。富山で非破壊検査をすればいいんだと。そうすればプラント側にとっても、私にとっても都合がいいはずです。

当時、私は1人でプラント設計の事務所を経営していました。プラント設計の仕事は需要がはっきりしています。非破壊検査はいつ発注があるのか読めない部分もありますが、いろいろ試算してみたら、自分が受注したプラント設計の仕事量と非破壊検査の仕事量が半々になるように受注できれば、事業は成長する算段が成り立ちました。

検査の仕事の需要がコンスタントにあれば人を雇うことができますし、時期が集中するようなら繁忙期だけ手伝ってもらうという方法もあるでしょう。

事業の柱に非破壊検査を据えるのは、とてもいい考えだと思いました。

勉強、勉強、勉強

けれども、非破壊検査は思い立ってすぐできるものではありません。放射線や超音波などの専門的な技術が必要だからです。また、放射線を扱うには労働省（当時）の「放射線取扱主任者」の試験に合格して資格者にならなければなりません。

レントゲン検査に使うX線は、医療や非破壊検査のような工業の現場で広く利用されていますが、みなさんご存じのように身体に悪い影響を与える作用も持っています。そのため、X線を照射するときは壁や防護服で身を守ったり、線量計を装着して被ばく量を測定したりするなど、特別な取り扱いが必要です。

レントゲン写真を現像するときに使う現像液も、実は危険な薬品です。手についたり目に入ったりするとヒリヒリするので、現像液を扱うときは手袋やメガネをしなければなりません。また、吸い込んだり飲み込んだりすると中毒を起こします。それほど毒性のある薬品ですから、捨てるときも注意が必要なわけです。

私は専門的な技術を学ぶため、本を読み漁りました。また独学です。設計士の仕事で日銭を稼ぎながら、３年かけて勉強しました。

知識を詰め込んだら、すぐに行動に移します。知り合いの鉄工所に頼み込み、作業所を使わないときに撮影や現像の技術を習得する場として貸してもらいました。実際の作業を何度も何度も試しながら、書物で得た知識を体に染み込ませていきました。

加えて非破壊検査の検査員は写真を撮影して現像するだけでなく、検査の結果が合格なのか不合格なのかを判定できなければいけません。結果を判定する資格取得のために、もう１年勉強をしました。またまた独学です。

非破壊検査を事業としてやっていくための体制を整えて、ようやく会社を立ち上げることができます。資本金の一部を妻の実家に出してもらうなどして、全部で400万円を集め て1976年にアイペックの前身となる、富山検査株式会社を創業しました。

1人ブラック企業

会社は、結婚したときに建てた自宅の隣に建てました。製図室の隣に暗室を作り、設計の仕事と非破壊検査の仕事を行き来できる環境を整えたのです。

創業してからの私は、寝る間も惜しんで働きました。朝8時から夜の10時ごろまで仕事をするのもしょっちゅうでした。あるとき、朝から明け方の4時ごろまで図面を描き、一度寝て、午前8時に起きてお客様のもとに図面を届けるという日々を10日ほど続けたことがあります。すると身体が言うことをきかなくなり、這ってしか動けない状態になってしまいました。富山に帰ってきて、喘息はほとんど治っていたのですが、無理をすると身体に出てしまう性質のようです。

今、こんな働き方をしていたらとんでもないブラック企業だと思われそうですね。それでも当時はがんばったら、がんばっただけ報われると信じていました。それだけ日本の経済が登り坂になっている空気がありました。

社員の採用を始めたのは、会社を設立してから5年ほど経った1981年ごろのことです。あっという間に社員は15人になりました。実際は、増え続ける仕事に対応するため、応募のあった人をみんな採用していました。そのうち、私は3つのピンチに遭遇します。

ピンチ① 社員が相次いで退職

社員15人のうち、6人が辞めてしまいました。

原因は、富山に村田製作所の工場ができたことでした。給料や福利厚生などの条件は、とてもではありませんが、大手企業にかないません。社員を慰留できるカードを持っていなかった私は、なすすべもありませんでした。自分が先頭に出ていくことで案件をこなしたり、納期を遅らせてもらったりしてなんとかしのぎました。

ピンチ② バブル崩壊で初の赤字転落

非破壊検査という事業の特殊性もあって、当社の取引先の多くは自治体や上場企業です。建設業の事業は、発注から検査が完了するまでに2、3年かかることはめずらしくありません。ですから、経済情勢の影響は数年遅れてやって来ます。

バブル経済が崩壊した1991年からしばらくして、パタッと仕事がなくなりました。1993年度、赤字に転落しました。起業直後の数年間は赤字になったこともありましたが、事業が順調になって以降、赤字になるのは初めてのことです。翌1994年度も赤字でした。

しかし、私はうろたえませんでした。富山で非破壊検査といえば、ほぼ独占状態にあったからです。検査の需要があれば、当社にお任せいただけると考えていました。

私がうろたえなかったのには、もうひとつ要因がありました。それは、2億円ほどの内部留保があったことです。

バブルが弾けるまでの日本経済は、イケイケドンドン。日銀の金融緩和や円高で、日本中が投資や財テクに走っていました。積極的に融資をしていた金融機関は、バブルが崩壊すると資産価値の急落に伴って多額の不良債権（貸付金を回収できなくなる状態）を抱えることになりました。金融機関は多くの会社に対し、それまでは「少しでもいいから、お金を借りてくれ」という態度だったのに、一転して一括返済を求めたのです。このことを当時の新聞は「貸し剥がし」と表現していました。貸し剥がしにあった企業は倒産やリストラに追い込まれました。

しかし十分な内部留保があった当社は、バブル崩壊の混乱と距離を置くことができました。取引先の支払いも現金で対応できましたし、給料の遅配や、リストラもせずに済んだのです。そのうち平常運転に戻るだろうと思って過ごしているうちに、案の定、少しずつ業績は回復していきました。

ピンチ③ 社長退任後に内紛

３つ目のショックは、社長を譲ったときのことです。60歳を機に代表を退くことを決めていた私は、当時38歳の社員Ｙに社長職を譲ることにしました。

彼はたいへん驚いて「会社を潰す気ですか」と私に詰め寄りました。私は「私が会長としていつでも相談に乗るから心配はいらない」と言ったことを覚えています。そうしたら、Ｙは二つ返事で社長に就任しました。

Ｙは富山の大きな建設会社の出身で、大学卒業後は四国と本州を結ぶ瀬戸大橋の建設事業にかかわっていました。私はＹを高く評価していたのです。評価の理由は、瀬戸大橋の建設事業にかかわることがどんな意味を持つのかをお話しした方がいいかもしれませんね。

瀬戸大橋は本州と四国を結ぶ鉄道道路供用橋です。この橋ができる前、本州と四国は海で隔たれていました。本州と四国の間は霧が深く海流も速いので、船で渡るのが危険な海峡として知られていました。

四国は本州や九州と比べて、人も産業も少なく、日本の近代化の流れの中で取り残されている面がありました。橋の建設計画は明治時代からあったそうですが、技術や費用の問題で実現しなかったのでしょう。

そんな瀬戸大橋の建設事業が始まったのは、高度経済成長を経た1978年のことです。世界に誇る当時の日本の技術力の結晶でした。海底や海上の難工事を乗り越えて、6つの橋が完成します。

中でも一番四国側にある南備讃瀬戸大橋は、最も長い1723メートルの吊り橋です。鉄道と道路が同じ橋を通る構造は世界でも珍しく、そんな橋の建設事業には日本中の建設・土木会社からエースが集められたわけです。

その仕事が終わり、私はYを当社に招きました。Yは入社間もないのに、社員に慕われていましたし、私はいい選択をしたと思っていました。

しかし、雲行きがあやしくなってきたのは、Yの後輩が入社したころからです。Yと後輩の何人かで、富山の高岡、埼玉の大宮、そして秋田に当社の支店を出す計画が立てられました。

しかし、私のところには一切、相談はありません。

身の丈に合った経営

私は出店に反対でした。支店を出すとなると、場所を借りなければなりません。毎月の家賃のほか、事務所の契約には敷金や礼金がかかりますし、人も配置しなければいけません。固定費が大幅に増えることになります。

たとえば、大きな車にはそれを支える大きなタイヤが必要です。すると車体が重くなるので、大きなエンジンをとりつけなければなりません。製造コストも高くなるので、それに見合った豪華な内装が求められるようになります。すると、車の値段も高くなりますし、排気量の多い車を維持するには、より多くのガソリン代と税金を払うことになります。つまり、トータルコストが増えてしまうのです。

たまたま車を例にしましたが、私は車嫌いではありませんし、高級車が悪いと言いたいわけでもありません。むしろ富山は車社会ですから、車は必需品です。

そうではなくて、何のために車を持つのか。そこに何を求めるかを考えるべきだということです。高級なものは心地よさや、それを持つことによる満足感も得られます。一方で、車を移動やモノを運ぶ手段としてだけとらえると、果たして高級車が適切なのかという話です。

事業はいいときだけではありません。山あり谷ありです。身の丈に合った経営が一番だと私は思います。むしろいいときこそ、悪くなったときのことを想像しておかなくてはいけません。

モノなら処分すればすみます。でも、人はそう簡単に手放すことはできないですよね。市況が悪くなって首が回らなくなり、そのとき雇いすぎたと気づいても遅いのです。

支店の出店計画を知った私は、猛烈に反対しました。途中まで進んでいた事務所の契約はキャンセル。適切な手続きを経ずに計画を進め、会社に損失を出した責任でYは社長退任、かかわった社員は辞めてもらうことで、この件を収束させました。今は私の娘が代表を務めています。

人生を自分でコントロールする

このようなピンチはありましたが、概して私は自分を運がいい男だと思っています。古くから私を知る親しい友人も「あのときは大変だったけど、運がよかったよね」と言っているくらいです。

すでにお伝えしたように、私は大家族の中で育ちました。戦争の影響で物心ついたときから、いつもお腹をすかせていましたから、早く家を出たいと思っていました。私を高校に行かせる余裕が実家になかったのは残念なことでした。

ですが、陸上自衛隊の通信学校へ行くチャンスをつかみ、溶接や製図の道に進んだのが、いい選択でした。タイミングよく大阪と富山の鉄工所で働き口が見つかったことも、水力発電所の現場で非破壊検査の重要性に気づいたこともラッキーだったと思います。独立後は、爆発的な成長を遂げることはありませんでしたが、仕事も社員もゆっくりと増えていきました。

初めにお伝えしたように、$y=ax$との1次関数の傾きは、小さくてもいいのです。全く伸びないのは問題ですが、急に伸びるのも危険です。ですから、売上目標を何億円と設定し、急速に事業を大きくしようと思ったことはありません。

社員が一気に辞めたときも、バブルが崩壊して仕事がなくなったときも、そして社内で内紛が起きたときも「なるようになる」と思っていました。

でも、物事をすべて「運」で片付けてしまっては、みなさんの参考になりませんよね。ここからは「運」とは別の観点で、私の思いを伝えたいと思います。

社長というと、部下に指示を与えているイメージがあるかもしれません。ところが、私はどちらかと言うと人に意見するのは苦手です。

19歳のとき、私はいつか自分で事業を始めようと決意しました。それは自分のことは自分で考え、自分が実行できるほうが、人生は楽しいと信じているからです。

仕事の増え方に対して人が足りなかったころは、私も現場に入っていました。けれども、少しずつ社員が増えてくると、私がいないほうがかえってスムーズに現場が回ることがわかってきました。私がいると、社員は監視されているように感じるようなのです。古くから在籍する気心の知れた社員から「あんたはおらんでいいよ」と言われたこともあって、徐々に現場に行かなくなりました。

監視されていると思いながら仕事するのは、誰だって楽しくないですよね。それ以上に重要なことは、「いつまでも指示を受けていたら、人は成長できない」ということです。だから、社員が減ったときも、うちで働くのが嫌な人は無理して残る必要はないと私は考えていました。

２０２３年12月現在、アイペックには約80人の社員がいます。パートも入れれば、かかわっている人数はもっと増えます。いずれにしても社員の顔と名前が一致するのは１００人が限度だと私は思っています。それ以上人数が増えると、お互い認識できなくなるのではないでしょうか。

今いる社員は、自分の仕事には厳しい一方で、周囲の人に対してはいい意味で期待していない人が多いと感じています。「人に期待しない」というと、冷たい人間だという印象を持つ人もいるかもしれません。

しかし、他人の行動にがっかりしたり怒ったりするのは、期待しすぎているからではないでしょうか。相手が自分の思い通りになることを勝手に期待して、その通りにならないから落胆したり憤りを感じたりするわけですよね。

人に期待しすぎず、自分をコントロールする。

これは思い通りになることよりも、圧倒的に思い通りにならないことの方が多い幼少時代を過ごした私が、人生の早い段階で悟ったことでもあります。他の人から見たらピンチに思えることを「なるようになる」と思えたのは、そうした生い立ちや考え方のせいかもしれません。

技能や知見より大事な仕事への向き合い方

私が会社の危機を必要以上に悲観しなかったのは、「富山で非破壊検査の需要があれば、まず話は当社に来るだろう」と思えていたことも理由だったと思います。

ただ、お客様は当社を儲けさせるために発注してくださるわけではありません。当社が持っている技能や知見を活用して、自分の目的を達成しようと考えているからお話をいただけるのです。

お客様に選んでいただける存在になるには、技能や知見を磨くだけでなく、仕事に対する向き合い方も大切です。微妙なニュアンスで難しいのですが、仕事は儲かるかどうかだけではありませんし、儲からない仕事だからといって、いい加減にやっていいものではないでしょう。そういう仕事への向き合い方をお客様は冷静に見ています。

ただ、事業を継続していくには、儲けを出すことも必要です。儲かるとは、利益が出ている状態のことをいいます。売り上げが高くても経費が多ければ、利益があるとは限りませんし、反対に売り上げがそれほど多くなくても、利益を出すことはできます。

先ほど〈ピンチ③〉で触れましたが、私が支店を出すのに反対だったのは、このことと大いに関係しています。もともと富山で非破壊検査を始めたのは、県内に日帰りで対応できる会社がなかったからでした。大事なことは、どれくらい「余裕」を持たせられるか。そう考えると、私は支店を増やす計画には反対するわけです。

もう少し説明しましょう。「余裕」には経費だけでなく、社員の働き方や健康も含まれます。支店網を広げて遠方の検査を請け負えば、受注金額（売り上げ）は大きくなるでしょう。しかし移動が長くなれば交通費や宿泊費もかかります。

それはお客様にとって、いいことなのでしょうか。加えて、社員の時間と身体を拘束することになります。無理をする、あるいは無理をさせて、余裕がなくなれば、どこかでひずみが生じます。

余裕とは、金銭面だけで判断するものではなく、総合的な視点で見るべきものだと思います。

事業の継続が責任

人に期待しすぎない一方で、この50年の間、私は自分自身との約束を守ることに必死でした。

それは……「絶対に、会社を倒産させない」ということです。

20代でサラリーマンをしていたとき、こんな出来事がありました。集金先の会社の社長が、私があいさつをしているのに、そっちのけでテレビの相撲中継を見ていたんです。もちろん日中の就業時間中に、です。

私は、自分が軽んじられたように思えたことも不愉快でしたが、それ以上に不景気なご時世にテレビを見ている余裕があるのかと、その社長の「経営者としての姿勢」に疑問を感じました。

その半年後、その会社は倒産しました。

単なる偶然だったのかもしれません。しかしその一件は、経営者の心の有り様が、経営状況に反映したのだ、と私には思えてなりませんでした。

ちょっと生意気かもしれませんが、私はサラリーマン時代から「人の振り見て我が振り直す」ことを意識してきました。そして、いざ自分が独立するとなったとき、何を大切にするべきかを考えてきたのです。

なぜ絶対に倒産してはいけないのか。私はそのことを自分への約束にしてきたのか。倒産は自分だけでなく、社員やその家族、取引先など多くの人に迷惑をかけることです。

人に迷惑をかけない。私の根底にあったのは、その一心だったと思います。

チャレンジを続ける

私のここまでの人生を一言で表現するなら、「今できることをする」に尽きると思います。これまで〈ビジネスの種を思いつく→ライバルがいるか調査し、いなければ突き進む→勉強する〉を繰り返してきました。「失敗しても仕方ないや。でも全力で立ち向かう」と考え、決して後ろを振り返ることはしませんでした。

お客様から「こんなことできませんか？」と業務外のことを言われたときも、内心「どうしよう……」と思いつつも、「大丈夫ですよ」と言って、勉強をしてお客さんのニーズにこたえました。この繰り返しで得られるのが、信用です。「高見に頼めば安心だ」と感じてもらえれば、仕事が増えます。信用があれば、会社は自然と大きくなっていく。ただし、この循環を生み出していくには、私自身が新しいことに挑戦する気持ちを常に持っていないといけないんだなと感じています。

非破壊検査業界には、当社より大規模の会社があります。その会社は多様性があり、すばらしい経営をなさっています。私は独自の経営しかできませんが、常に挑戦する気持ちを抱き続けて、その大会社に少しでも近づきたいなと思っています。

自分のやり方にこだわらない

アイペックの現社長である娘は、私とはまったく違う経歴の持ち主です。彼女は米国の大学を卒業してからの約10年間を、米国ニューヨーク州の公認会計士として過ごし、帰国後は東京の金融機関で働いていました。

当社に入社したのは、彼女が40歳を過ぎたころのことです。同時通訳もできるので、国際会議の場や教育現場の講演に呼ばれることもあるようです。私が社長をしていたころとはまったく違うネットワークを持っています。女性であり、異業種、海外生活の経験を持つ娘は、彼女なりの方法で会社をいい方向に導いているなと感じています。

いま彼女が取り組んでいることの柱は、社員の「働きやすさ」と「連携」でしょうか。当社は2019年の本社移転を機に、リモートワークやフリーアドレス制を採用しました。フリーアドレスは、社内に自分の決まった席を持たないワークスタイルで、東京ではかなり普及しているようですが、富山ではまだまだ少数派です。当初は「自分の席がなくなるのは困る」という反対意見もありました。

しかし私は、働きやすい環境を実現するには、どこでも働ける状態をつくることが必要だと考えました。フリーアドレスを実現するために、社員一人ひとりが持っているモノの量を段ボール１箱程度に収まるまで整理してもらいました。ペーパーレス化で、だいぶモノが減りましたね。紙をなくす代わりにデータをクラウドに移行し、どこからでもアクセスできるようにしました。

そうなると次の心配は、セキュリティです。そこで当社は社員にモバイルＰＣとｉＰｈｏｎｅを支給しました。

自分の机がなくなったことで、うれしい効果もありました。社員のコミュニケーションが活性化し、連携が生まれたのです。社員たちは進行中のプロジェクトチームごとに集まったり、ＩＴに詳しい同僚の隣に座って学んだり、その日の目的に合わせて席を決めるようになりました。

会話が生まれただけでなく、他部署の動きが見えるようになったことで、ビジネス的な視点でものを考える社員が増えたのです。

２０２１年からはノー残業デーに社員の資格取得を支援する制度をつくりました。水曜日の夜に会社で自習すると、２０００円の手当をつけるようにしたんです。

すると資格試験を受ける社員がこれまでの4倍に増え、合格率は2割アップ。これに触発されて、事務職の社員も技術系の資格をめざすようになりました。技術を学ぶことで業務の内容をより深く理解できるようになり、報告書も早く、正確に出来上がるようになりましたね。業務の質や効率が上がっただけでなく、連携が強くなったというわけです。

社内の勉強会はこれまでも開いたことはあったのですが、目に見える効果はありませんでした。

これまでお伝えしてきたように、私は人の行動にあまり口を出すタイプではありません。「やりたい人はやるだろう」。そんなふうに思う性格ですから。

けれど、コミュニケーションを大事にしたり、みんなで同じ目標に向かう時間をつくったりすることで、人は変わるものなのだと、この年になって知りました。今の時代には仲間と取り組む仕組みが求められているのだと、80代になっても気づきを得ています。

変わるから続けられる

非破壊検査の現場や技術について、娘はものすごく勉強していますが、技術者と同じレベルで理解するというのはそう簡単ではないでしょう。ただ技術面については他にフォローできる人間もおりますし、代表がすべてを細かく知っている必要はないと考えています。

非破壊検査のやり方や事業の形も日進月歩です。当社は建築士事務所でもありますので、検査だけでなく、診断結果を踏まえて補修工事の設計を追加提案するなど関連事業の領域に進出できる体制を整えてきました。

近年はクラウドを活用した社会インフラのモニタリングサービスやＡＩ画像の分析による交通量調査など最新技術の活用をはじめています。私の知る限り、非破壊検査でモノとインターネットをつなぐＩｏＴを活用した他社の事例は、まだありません。

事例がないということは、市場がないということでもあります。そういうものがあるということをみんなが知らない状態なので、事業を軌道に乗せるのは簡単ではありません。

他方、アイペックにもＩｏＴ分野を大学で専門的に学んだ人や大手企業で働いていた人が入社してくれるようになってきました。非破壊検査のＩｏＴは市場としては未成熟ですが、無限の可能性があると思っています。きっとこれからおもしろくなっていくでしょう。

経営者の責任は、それぞれの社員が人生設計を実現するための環境をつくり、会社を存続させることだと私は考えています。考え方もやっていることも変えずに、会社を存続させるのは難しいでしょう。むしろ、変わるから続けられるのです。私もこれまでお伝えしたように、変わり続けてきました。事業を続けるためには、まず経営者が変わらなくてはなりません。

これから先の世の中がどうなっていくのかをとらえながら、どうすれば社員の幸せと社会への貢献を実現できるかを考える。

人にあまり期待しないとお話しした私ですが、これからの若い人には、変化を恐れずしなやかに、自分なりのやり方で新しい時代を築いていってもらいたいと願っています。

［挑戦6］

活字という上質なフィルターで出版革命を起こす

PROFILE

代表取締役

向田 翔一

SHOICHI MUKAIDA

1982年生まれ。大学卒業後、音楽業界やアート業界を経て、32歳のときに起業。「自費出版に最も取りつかれたのは僕」。自費出版を通じて出版革命をめざしている。

COMPANY

株式会社

22世紀アート

2014年創業。自費出版を手がけ、出版冊数は6000冊を超えた。契約している作家は約2600人。「みんなを幸せにする」をビジョンに、印税を明確化するなど自費出版の構造改革をしてきた。2022年度の売上高は3億円を超えた。

僕の使命はインディーズの支援

そもそも本って何かというと、小学校の時の不運な帰り道だと思うんです。たまたま何かの弾みで、クラスの中でも全然興味のない、話したこともないようなヤツと一緒に帰ることになる。それです。

家までの帰り道、ずっと気まずい感じかなって思うじゃないですか。ところがそいつがポロッと言ったことが何だか面白かったりする。そうすると、子どもながらに価値観が広がるっていうか「へー」ってなる。つまり、世の中にはそういう、自分と違うヤツがいるんだってことがわかれば、本はそれでもう十分。何か学ぶとか、スキルアップするとか、そういうものじゃないと僕は思っています。

小学校のころって、人間関係が混沌としていましたよね。それが中学、高校と進むにつれて、ヤンキーとかギャルとかオタクとかタイプ別に分かれていく。同じジャンルの人が集まって似たもの同士で固まろうとする。それが成長っていう人もいるけど、本当の成長っていうのは「この世にはわからないものがあって、わからない人がいる」ってわかること。それがわかればそれでよい——それが僕の根本的な生き方です。

自費出版の作家さんは全国にいるので、創業したころは1年に100泊とかして作家さんに会いにいきました。実績のない会社ですから。

夜、地方の繁華街を歩いたりすると、カラオケ屋の前にギャルとゴスロリと普通の格好をした女子たちが一緒にいたりするんですよ。人口の母数が小さいから、意外とみんなが一緒にいる。そういう光景を見かけるたびに、人間ってそれでいいんだ、それこそ本質だって思っていました。

役目って、とても大切だと思っています。僕はインディーズの支援に価値と可能性を感じ、その役目をずっと担ってきました。22世紀アートの使命は、新しいメジャー作家をうみ出すことではありません。自費出版の世界にいる作家さんたちの活動しやすい場をつくる。その役目を果たしたいと思ってきました。

アンチメジャーというわけでは決してないです。だけどメジャーを支援する仕組みはとても整っていて、インディーズを支援する仕組みは整っていない。そのことを最初に入った音楽業界で学びました。次に行った美術の世界でも、画家を支援する仕組みがどんどん機能しなくなっていました。そこで僕なりに支援する方法を考えて起業したのが「22世紀アート」です。あとで詳しく書きますが、その会社が電子書籍の自費出版に特化することになったのは、一人の画家からの要望があってのことでした。

ここまで決して順調だったわけではないです。

お金に目がくらんで、そればかり考えていた時期もありました。コロナ禍のときは大変なメンタルエラーも経験しました。社員に会うのも嫌で会社をたたもうと本気で思いました。それでもなんとか進んで、今は「僕が面白いと思ったことが利益になる」という自信を持っています。

画家を支援したくて起業

結局、人が好きなんです。学生のころ、電車に乗って誰かが話しているのをずっと聞いていました。ただそれだけのために何往復もして。一般の人っていうか、普通の人っていうか、そういう人の話を聞くのが好きです。本を読むのでも人物伝が好きです。

不格好なものが好きなんだと思います。人間って完璧というのはありえないじゃないですか。どんな偉人の本を読んでもそこに不格好さがある。つじつまが合わない感じ、合わないからグッとくるというか。だから僕、インディーズ大好き人間です。

工学院大学を卒業してレコード会社に入りました。街のレコード屋さんみたいな会社ですが、年間12億円も売り上げていました。海外のアーティストの権利を買ったり、国内のアーティストのプロデュースもしたりしていました。

ワーナーミュージック・ジャパンやビクターエンタテインメントなどの大手レーベルと組み、アーティストを売り出す仕事もしました。Product（製品）、Price（価格）、Place（流通）、Promotion（販促）の４Ｐ分析を徹底的に学び、起業後は自費出版の作家さんへの企画書に使いました。

レコード会社で強烈に感じたのが、マニアックな分野になればなるほどインディーズに良いミュージシャンがいるということでした。大手レーベルの人たちはそういう場所に決して足を運びません。これはうまくいけば、いいビジネスになる。才能あるミュージシャンを支援する仕事をしよう。そう思いました。

ところがやってみてわかったのは、ミュージシャンには「売れない美学」があるということでした。大衆に理解されたらミュージシャン生命は終わり、そんな感覚。こちらが支援しようとしても、プライドが上回るのでしょう、本気で売れようとしないんです。

5年ほど在籍して次に飛び込んだのがアートの世界でした。全国の美術館で美術展を企画する社団法人です。入ってみると、美術業界は「東京芸大卒」だけが正解一択の世界だと悟りました。たとえば有名百貨店の美術部に就職できるのは芸大卒の人だけです。院展（日本美術院展覧会）、日展といった公募団体の理事もそうです。どんどんギャラリーが減り、画家を支援する仕組みがなくなっていたのです。

絵をたくさん見ているうちに、使った絵の具の量がわかるようになりました。絵の具って高いんです。それなのにギャラリーがつける値段では絵が売れても絵の具代さえペイできません。

これはあんまりだ。そんな世界を変えられるのは理系出身の自分だけだ。

そう思って、画家を支援する仕組みを作ろうと、社内ベンチャーに応募して「22世紀アートクラブ」を立ち上げました。成功する自信があったので、2014年12月に「22世紀アート」を創業し、独立しました。

目をつけたのは画集です。画家って絶対にパレットを洗わないんです。絵の具を重ねて重ねて出す色は、継ぎ足し継ぎ足しの〝秘蔵のたれ〟みたいなもの。それを4色分解で印刷して再現しようとしたら、すごく費用がかかります。

デジタル印刷なら制作コストはぐっと抑えられます。利益も出てビジネスとしては順調だったけれど、創業3カ月で気づきました。画家にも「売れない美学」があったんです。「ミユージシャンと同じだ！」と思っていたとき、一人の画家に出会いました。これが僕の転機になります。

大手出版社がつくった〝残骸〟を復活させた

その画家は「画集ばかり出してないで、僕の小説を本にしてくれないかな」と言ったのです。画家にはエッセーや小説を書いている人が案外と多い。その画家も自費出版をしたけれど、1年で契約が切れて在庫を大量に抱えていました。それでもまだ本を出したい。そういうマインドだったのです。

「売れることを諦めていない人」というのは、「一夜にしてスター作家になると思っている人」とは違います。自費出版本を出す人は男性が多く、ほとんどが「妻決済」です。つまり、出版のために出した費用が回収できれば、妻に次の本を出すための費用を決済してもらえる。それを諦めていないのです。

ミュージシャンも画家も、「売れましょうよ！」という僕の思いをよける人たちでしたが、自費出版の作家さんたちは僕の思いを真正面から受け止めてくれる。これはすごいことだと思って、22世紀アートは自費出版の電子書籍化に特化することにしました。

最初にしたのが国立国会図書館に行くことです。自分と妻、あと2人、合計4人の会社でした。制作の1人が会社で留守番。他のメンバーは自費出版の本を借りては読みまくりました。そこでわかったのは、大手出版社が手がけた自費出版本はほとんどが雑に作られていることでした。自己啓発本なのに、小説みたいなタイトルだったり表紙が明らかにイメージと違っていたり。

大手出版社に入って、自費出版部門に好き好んで配属される人はいないのかもしれない。その点、僕はインディーズ大好き人間です。音楽も絵も、アイデアで売ることをずっと考えてきました。どうすれば売れるかを本気で考えて企画書を作ります。自費出版は奥付に連絡先が入っていることが多いですから、まず電話をする。本人にさえつながれば、9割の人が会ってくれました。

「出版社」でも「元出版社」でもない「22世紀アート」という、まだ一冊も出版していない会社なのに、とにかく作家さんと会って「こうすれば売れると思います」と話をしました。会えば半分くらいの人が出版契約をしてくれる。すごく順調なスタートでした。

2014年から2015年当時、電子書籍の専門会社がどんどん増えていました。ブームのような感じでウェブ制作会社、印刷会社などが次々参入しましたが、自費出版の出版社は一社もなかった。僕らはそれを専門とし、大手出版社が〃片手間仕事でつくった残骸〃を復活させていく。自費出版本に真正面から向き合い、売れる状態にしてあげたい。その気持ちだけで、どんどん突き進みました。

地平を開いた「Kindle Unlimited」

印税の支払いも、ケースバイケースで曖昧なことが多いのが自費出版の世界です。22世紀アートは50％払う。作家さんに還元して、もう一冊出してもらえるようにしたいと思っていました。頭にあったのは「無駄な本」です。自己啓発本のように「○○がわかる」というのでなく、「わからない」にもっと触れてほしい。だから自費出版を量産したい。それが僕の志、思いでした。

下手な絵っていいじゃないですか。そこにある一瞬のきらめきが大切だと思います。「有用な情報」に特化した本は商業出版にお任せして自費出版は「無駄」に徹する。

途中から既存の出版社も自社の自費出版本を電子書籍化するようになってきました。そういう会社の本も、うちは電子化していました。著作権は作家にあり、出版権が切れていれば問題ないと判断してのことです。

音楽業界では版権切れの音楽を他社から出すのはよくあることです。ある会社の社長に呼び出され、業界マナーに反していると強く言われたこともありました。「お互いの正義が違うので、いくら話しても時間の無駄」と答えました。自費出版本を売れる状態にする。それが自分の役目だと考えて突き進みました。

そうしているうちに印税を50％以上にする会社が出てきました。作家さんに連絡すると「前に出したところで電子化する」という反応も増えてきました。ですが、それ以上に問題だったのが電子化しても売れなかったことです。紙の本を出して売れなかった経験のある作家さんたちは「電子書籍にすれば、いつでもどこでも読めるから売れる」と喜んで契約をしてくれたのですが、実際に電子本を買う人が増えたわけではありません。

僕らも「どうせ売れないだろう」と思いながら営業をするようになり、社内の雰囲気が悪くなりかけていました。僕自身、どうすれば売れるだろうと、頭を悩ませていた。そんなときに登場したのが、Kindle Unlimitedです。

２０１６年8月、日本でのサービスが始まりました。月額９８０円で読み放題、10冊（現在は20冊）までダウンロードできました。その当時、１ページめくると2円が作家さんの収入になる仕組みでした。ここに商業出版の本がほとんどなかったんです。うちにとっては本当にラッキーで、作家さんたちにKindle Unlimitedからの収入が入るようになりました。その収入で自費出版費を賄える。そういう作家さんも出てきました。

これは僕の理想形でした。先ほどは「無駄な本」と書きましたが、「ニッチな本」と言ってもいい。そういうものを世に残しておくためのプラットフォームを作りたいと、ずっと思っていましたから。

才能がなくて売れないのは自己責任だと思います。だけど、「知られてないから売れない」という状況はなくしたい。プラットフォームとは平等に知られるための仕組み。音楽業界の場合、ＴＳＵＴＡＹＡにはインディーズのＣＤも置いてあるし、ディスクユニオンもある。仕組みはあります。

そういう仕組みがなかった自費出版の世界に、Kindle Unlimitedができた。地道にやっていたら、プラットフォームが飛び込んできたのですから、超ラッキーでした。転機を逃さず、Kindle Unlimitedで売るためのさまざまな戦略を実行していきました。

ひらめいた「売れる仕組み」

利用しまくったのが、アマゾンが実施する無料キャンペーンです。無料でダウンロードできる5日間にランキング上位に入ると、アマゾンのSEO（検索エンジン最適化）で上位表示されるんです。

そこで僕は、本を出版した作家さんにタブレットを送りました。無料キャンペーンが始まるときにお知らせし、作家の方々に22世紀アートの本をダウンロードしてもらう。この「連合軍」のおかげで、トップ10くらいまでに入る。そういう仕組みです。

連合軍から一般読者への波及効果は本によって違います。2023年4月までの累計出版点数は5352冊になりました。作家さんの総数は3000人を超えています。なので22世紀アートから本を出した瞬間、無料キャンペーンの1位から3位まで取れます。

次はアマゾンのレビューの活用です。サクラではない純粋な読者の場合、本以外の商品もレビューを書いている人が多い。だから、22世紀アートの本をレビューしている人を追跡し、買っているものが何なのか突き止めます。それが紙オムツなのか、スコッチウイスキーなのか、何を買っているかで性別や年齢がだいたいわかります。読者層が見えてくるだけでなく、レビューで使っている言葉を見ていくと、その読者層が胸に響く言葉がわかります。その言葉を分析して、タイトルや検索ワードに反映していきました。

こういう仕組みを作ったことで、契約時にいただいたお金を回収できる作家さんが増えてきました。すごく充実感もあったし、ビジネスも拡大しました。2014年12月からの1期の売上高は901万円でした。Kindle Unlimitedがフルに利用できた2016年12月からの3期は4133万円、2018年12月からの5期には1億円を超えて、1億516万円となりました。右肩上がりです。でも、僕にとってはいいことばかりだったわけではありませんでした。

作家さんが変わりました。作家さんに「素晴らしい本だから、よく売れました」と言うと、「元が取れただけだよね」と反応するようになったんです。これまでは「少しでも本が広まってくれればいいんです」と言っていたのに、「この程度で売れたって言われても困るんだよね」と。「売れたのは俺のおかげ」というマインドは誰にでもあるのかもしれませんが、人が変わる様子を目の当たりにして、少し心が萎えました。

当時はいつでもサラリーマンに戻れるような、半分くらいフリーランスな感覚でした。僕と妻、それぞれの親から50万円ずつ借りて、資本金100万円で東京都調布市で開業、すぐ杉並区久我山の1軒家に移りました。会社にいるときはカレーライスを作りながらミーティングしたり、昼休みに4人それぞれプレイステーションで遊んだり。いい加減なところがありました。

そんな状態でもビジネスが順調だったので、調子に乗っていったのでしょう。だんだん仕事への気持ちがマンネリ化してきたのです。このままではダメだから会社を大きくするかサラリーマンに戻るか決めよう。そう思って、大きくする方を選びました。それならサラリーマンたちが必死に働く戦場に行こうと、港区西新橋に事務所を移したんです。久我山から3年経った2018年5月でした。

5年が過ぎて、6年目に入ったところで、「もうあと5年、これをやり続けねばならないのか」という感覚に襲われました。何のために仕事をしているのかわからなくなってきたんです。

当時はちょっとした贅沢もできるようになっていました。それもあって、「お金を稼げればいいいや」という気持ちが徐々に芽生えてきました。そのころちょうど、あるコンサルタント会社と契約をしました。

「地道第一」から「金の亡者」に変貌した理由

自分がインディーズ大好き人間だということ、「無駄」が必要だと思っていることなど、「理念」についても最初は話していたのですが、コンサルタントの立ち位置は「理念」より「利益」です。「理念は御社でしっかり持っていただき、こちらは利益を増やす支援をします」。そういう反応でした。

体育会系ノリというのか、上を輝かせて下のお尻を叩くような、そんなコンサルタント会社の手法もあって、僕も社員にインセンティブをたくさん与えるようなりました。月収100万円を超える社員もいて、もうとにかくインセ、インセで市場をとっていく。そんな会社になっていました。

6年目から7年目になるころには、自費出版本で電子書籍といえばうちが一番という状態になっていたので、「ここからは一気に市場を全部取りにいきましょう」という流れになりました。コンサルタント会社もそうでしたし、自分もそう判断しました。

社員も40人くらいまで増えていました。コンサルタント会社からは右肩上がりの経営計画を求められます。社員もこれまでの自信があるから、ボーナスが少ないなどと不満を言うようになります。もっと効率的に営業をしなくてはと、調査をする人、作家さんのアポイントを取る人、交渉する人……と分業しました。そのあたりから組織構造を考える仕事ばかりをするようになって作家さんと触れ合う時間もほぼなくなりました。

システマチックにしたつもりが全くうまくいかなかったのです。

何が自分の仕事なのか見失っていった一方で、ある一部上場の転職関連会社から傘下に入らないかというお誘いが来ました。他にも上場企業の出版部門を一緒にやらないかという話もありました。

自費出版はそもそも、ネガティブに見られがちな業界です。お金を取って作って終わりとか。だから実績を出すまでは目立たないようにしようと思っていました。バズったりしなくてもきちんと事業ができれば、持続性の高い会社だと信頼してもらえる。そう自分に言い聞かせて地道第一で経営してきました。

ところが、事業がうまくいくと、いろいろなところからお声がかかる。コンサルがほめてくれる。M＆Aをいつしますか？　イグジットも含めて考えましょう。そんな言葉をくれるのです。作家さんや社員からの不平不満があって何がしたいかわからなくなっていたときでもあったので、それは甘い囁きに聞こえました。その結果、お金に取りつかれるようになっていきました。

規模を拡大して、早く50億円売り上げないと。メディアに露出して、有名にならないと。そんなことばかり思うようになりました。コンサルタントの提案を一つひとつ吟味する、ましてや拒否するなどできなくなっていきました。

理由はいくつかあると思います。創業期から成長していくときの「落とし穴」もその一つです。

創業期に必要なのはマンパワー系プレイヤーです。とにかく社長のアイデアを信じて、その通りにひたすら働く戦士みたいな社員。自分の頭で判断するような切れ味のいい人だと、初動が遅くなるんです。だから指示待ちというかイエスマンというか、そういうメンバーを集めることになります。

ところが会社が成長するにつれ、徐々に頭の切れる社員が入ってきます。創業メンバーである役員より社員の方が優秀、という構図ができてきます。これが社員に知られると組織がもちません。そこでどうするかというと、社長がすべてをやろうとするんです。役員にはごく狭いところだけを任せて社長がどんどん仕事を請け負う。請け負いまくるとどうなるか。会社のことをわかっているのが社長だけになります。

会社の状況や社員の性格を把握しているのが社長だけになる。役員に相談しても会話にならない。つまり、誰にも相談する人がいなくなる。そういうときにコンサルタントの人が抱きしめてくれるんです。「わかる、わかる、どの会社もそうだよ、君だけじゃない」って。安心して、「うちだけじゃないんですね。がんばれば大丈夫ですね」って、すっかりのめり込むんです。

そうすると創業時の思いなどはどこかに飛んでいって、生産性とか利益とかを追いかけるマインドになっていきます。どうしたら大企業になれるかということばかり考えます。早くフェラーリ買わなきゃとか。すると役員と社員が自分の邪魔をしているように見えてくるんです。僕の計画は完璧なのに、できないのは役員と社員のせいだ、なぜできないんだ、僕があと100人いればいいのに……。

参入企業が相次いでも僕が負けなかった理由

資本金を1000万円に増資して、2020年5月には本社を西新橋から中央区日本橋浜町に移しました。そのころ考えていたのは、会社を大きくきれいにして売ろう。そのお金でまた違うことを始めよう。そればかりでした。

売るための会社作りと積み上げる会社作りは全然違います。理念などより、できるだけ属人的な要素を排除して誰にでも回せる仕組みを作るんです。スケールは小さくなっても勝手に回る感じ。そういう方向にシフトしました。

コンサルタントにのめり込んだ理由は他にもあります。それは自分の人間性です。音楽業界の同期がアマゾン、アップル、ヤフーといった会社に転職していきました。僕は音楽以外の分野でももっとアーティストを支援したいと思い、アートの世界に行きました。だけど心のどこかで、大企業で活躍する同期たちに対し出遅れている感覚を持っていたんですね。大手で働いたことがないから、そこへの憧れもありました。上場会社から傘下入りを打診されたときも、舞い上がって自分を見失った面があったと思います。

結果的に上場会社からの話は断りました。その理由は、コンサルタント会社が反対していて、それに抗うと「迷惑かけちゃうな」という心理でした。断った後もその会社の役員が連絡をくれて考え直さないかと言ってくれました。22世紀アートが良いビジネスモデルだ、ということだと思います。

振り返ると、ずっと不安でした。どんなにいいビジネスモデルがあっても、それだけでは自信は出てこない。100％うまくいくことなどないですから。急にアマゾンが電子書籍を撤退したらどうしよう、来年もこの会社はあるのかな。そういう不安は結局、覚悟が決まっていなかったからだと思います。ビジネスモデルを作ったり、計算はできたりしても信じきれていなかった。それが予想以上に形になっても、どこか上の空でした。

伸びているといっても、1億円から2億円の売り上げ規模でした。僕だけかもしれないけどすごく孤独でした。だからコンサルタント会社の存在はありがたかったし、社員の方々の言葉がうれしかった。スタートアップで売り上げ10億円、20億円という会社にはもっともっと「落とし穴」があるような気がします。

電子書籍事業には、ＩＴ企業をはじめいろいろな会社が参入しましたが、「おいしそう」「うまくいきそうだね」くらいの思いで入ってきた会社から次々と退場していきました。結局、電子書籍に一番取りつかれたのは僕だったということです。今はわかっていることですが、そうわかるまでは本当に大変でした。

突然発症したジェットコースターの浮遊感

そんな中の２０２１年春、僕はメンタルエラーを起こします。引き金はコロナ禍でした。会社はリモートワークが中心になり、僕は「この会社を大きくして、きれいに整えて売ろう」と思い込んでひたすら働いていました。社員とは疎遠になりました。

その間に、社員が僕ではなく他の役員の言うことを信用するようになっていたんです。オンライン会議中にイヤホンをバーンって投げました。「なぜ僕ではなく、バカな役員の言葉を信じるんだ」と思ったからです。その瞬間、頭の中がバーンと爆発しました。

もう訳がわからない錯乱状態です。ジェットコースターが下りる時の浮遊感、それをもっと強烈にしたような感覚がずっと続くようになりました。理性が保てなくて、妻に枕を持ってもらい、それをバスッバスッと殴りました。それで少し落ち着くと、涙が止まらなくなりました。妻がハグをしてくれて、体温が上がると少し落ち着く。でもまた浮遊感が来て枕をバスッバスッする。

午後7時からの会議を途中で抜けた後、明け方の4時まで枕、涙、ハグ、枕、涙、ハグ。それを繰り返しました。そのころ、めちゃくちゃ痩せていました。会社をきれいにして売るためには何もかもストイックじゃなきゃダメだと思い、食事はほとんどとらず、たまにゼリーを口にする。そんな食生活でした。完全に、おかしくなっていたんです。

コンサルタント会社からも、少し休みましょうと言われました。それで妻と沖縄に行ったんです。でも会社は僕が全部やっていたので、結局リモートワークばかりしていて、メンタルの改善にはなりません。沖縄にいる間もずっと手が震えていました。

東京に帰って、耳が聞こえなくなっていることに気づきました。突発性難聴でしたが、処方してもらった薬を飲むと発作が起きるんです。救急車を呼んだこともありました。でもコロナ禍で来てくれませんでした。信号の光を見て発作が起きることもあって、死んだ方が楽かなあと思いながら、それでも仕事をしていました。

動いている方が楽なのでウォーキングして、エアポッドしながら指示を出して徘徊しました。歩く途中に神社があると「治してください」とお願いしました。自分のことを一つひとつ振り返り、役員をないがしろにしたからだと反省し、会社で役員を抱きしめて「ごめんなさい」と謝ったこともあります。もう訳わかんなかったです。

心療内科には「行ったら終わる」と思ってずっと行きませんでした。メンタルエラーを起こしていることを認めたくなかった。会社を潰すわけにはいかない、自分で戦わなくてはと考えていました。最終的には心療内科に行ったのですが、薬を処方してくれるだけでほとんど話も聞いてくれませんでした。

この間も営業成績は落ちませんでした。２０１９年12月からの６期の売上高は１億５８０２万円、２０２０年12月からの７期が2億３３７３万円、２０２１年12月からの８期が３億２３４７万円です。ビジネスモデルは、売ろうとしていたくらい強固でしたし、コンサルタント会社の言うことを聞いていると数字は伸びます。僕はメンタルエラーを起こしながらも数字を伸ばす作業に徹していました。

社員はインセンティブのために働いていたと思います。それでも数字が上がれば自信がつく。僕に対してもいろんなことを主張してくるようになりました。ベンチャーに興味を持って大手企業から転職してくる人も増えました。彼らから「大手企業の常識」が社内で広まり、「うちにはその仕組みがない」と苦情めいたことを言われました。

でも、そのころは「利益追求モード」になっていました。「僕が我慢して社員を働かせれば利益が上がる」とだけ考えるようにしたのです。

いま思えば、いろんなことから逃げていたのだと思います。社員と話せば、いろいろ言われて答えなくてはならない。それが嫌というか怖くて、社員と会うことを避けるようになっていました。そんなふうに現実と向き合わず、自分を追い込んでいたから、最後にパンクしてメンタルエラーを引き起こしてしまったのだと思います。

ちなみに、うちの会社は今、リモートワークをほぼ禁止にしています。リモートワークは職人的な仕事だとうまくいきます。ＩＴ系もそうでしょう。でも、うちの会社だとやるべきことしかやらないようになるのです。生産効率ばかりに目がいって、作業主体の会社になります。コロナ禍でリモートワークをした結果、うちはめちゃめちゃ弱くなりました。アイデアとか奇跡って無駄なものから生まれるものです。生産性が上がっても奇跡は起きません。

利益追求モードからの脱却

僕のメンタルエラーに話を戻します。ウィズコロナになって徐々に体力が回復していきました。座禅とかいろいろなことを試しましたが、一番大きな要因は読書でした。偉人の方々の伝記を読むことで救われました。出光佐三、内村鑑三、山岡鉄舟、日蓮……。誰もが一度は病に倒れていると知りました。偉人たちもそうだったかと思いを馳せながら「体当たりすればいいんだ」と思えるようになりました。

もう一つ大きな出会いがありました。『儲かる会社は人が1割、仕組みが9割』という本です。帯に「社長は社員に期待するな!」と大きく書かれていて、社員が僕に持ってきたんです。

書いたのは経営コンサルタントの児島保彦さん。1937年生まれの方で、うちとも契約していた作家さんでした。すぐに読んでこの人とだったらもう一回やり直せるかもしれないと思いました。家までお邪魔をして話をさせてもらいました。今はうちの会社のコンサルタントをしてもらっています。

先述したように、僕は部下に対して不満を感じ、「僕が100人いたらもっと儲かるのに」

と思っていました。だから『儲かる会社は人が1割、仕組みが9割』という本のタイトルと僕の考えは真逆だと思うかもしれません。違うんです。「仕組み」というのは、部下に下ろせるかどうかです。

「下ろす」は、「噛み砕く」とは違います。そうでなく、「部下の人格を尊重すること」です。出光佐三さんが出光興産の社是として掲げていた「人間尊重」と同じです。

相手の表情を見てその人が完全に理解するまで諦めない。例えばKPIという言葉は便利で部下もなんとなくわかった気になる。でも、そういう言葉は使わない。「ちゃんとわかってないな」でやめず、わかってくれたと思うまで話をやめない。

児島さんの本には「規模を追わない」「正しいことをする」「利益率を上げる」ということが書いてありました。それも心にしみました。

実は僕、沖縄から東京に帰った後、また静岡に逃げたんです。社員に会いたくなかったし、リモートで指示は出せるので。そんなあるとき、児島さんからメールが来て、やりとりをしているうちに「今、どこにいるの?」と聞かれました。「静岡に引っ越したんです」と言ったら、「社長が何をしているんだ、すぐ帰れ」と怒鳴られて。それで初めて、メンタルのことを話しました。

児島さんは肝の据わった人だし、仕事は膝と膝を突き合わせてやるものだという〝昭和〟な人です。僕の話を聞いて、「あなたの会社、ガタガタだ。数字とは別の部分でガタガタだから逃げたのだな」と言いました。見事に見破られました。

児島さんは「俺が行くから、お前も会社に来い。社員と話をしよう」と言いました。本当に来てくれて、社員に僕の病気のことなど全部説明してくれました。そこからしばらくはコンサルタント会社と児島さんの両方からアドバイスを受けていました。数字を伸ばす方法と、膝と膝の突き合わせ方。この両輪で回していこうかと考えました。

そのころ、経理部門に問題があることがわかっていました。担当者を変えるべきという児島さんと、まだその時期ではないというコンサルタント会社、意見が割れました。悩みましたが、命を救ってくれた児島さんを裏切ることができないと思ってコンサルタント会社との契約を打ち切りました。

コンサルタント会社から教わったことはたくさんあります。どこに穴があるかわかる「ビジネスモデルキャンバス」などテクニックはいまも存分に使わせてもらっています。部署をつくるときはトップヒアリングをし、生きざまも理解した上で理念を言語化する、そこからミッション、ビジョン、バリューへと進めています。

一方で児島さんは、「予算が達成できない？　みんなで本を作ればいいじゃない。作れ、作れ」という人。文化祭ノリです。僕がそれを言うと圧迫になりますが、児島さんだと「85歳のじいさんが言っているから、付き合うか」となります。そのノリが強さと楽しさになって、以前のような「利益追求モード」ではないのにちゃんと売り上げが上がっています。

社員一人ひとりにしっかり向き合い「使命」を伝えた

構造改革についても突き詰めて考えました。これまでの22世紀アートはつぶれたものと考えてほしい、と社員総会で言いました。役員を下に見てバカにする態度を隠せない人には卒業してもらうしかないと思い、一人ひとりと徹底的に話をしました。

その結果、15人ほどに辞めてもらい補充はしていません。会社組織はコンパクトになりましたが、今期の上半期の売上高は前年同期より2割近く上回っています。僕が社員を道具にしか思っていないときは、人は多い方がいいし、僕がいれば使いこなせると信じていました。社員それぞれに人格と問題意識を持たせたら、少ない人数でもきちんと会社は回っていきます。そんな当たり前のことがわかっていませんでした。

構造改革をもう少し説明すると、部の数を半分以下にしました。
「人を生かそう」という考え方を「最大限の利益を出そう」に変えました。「生かそう」つまり「のびのび働いてもらおう」となると、社員一人ひとりの顔が浮かび、どうしても組織が細分化されてしまう。そうでなく、利益を出せる枠組みを作り、そこに人をあてはめる。そして「なぜ、あなたでないとダメか」をひたすら説明する。

社員が一番求めているのは使命なんです。こういう仕事をやってほしいというのではなく、あなたのすべきことはこういう意味があると話しました。それがどう会社の利益になるか、逆にここであなたがやらないとどんな損失が生まれるか。金銭もそうですが、クライアントへのデメリット、つまりお客さんが悲しむことになるよと、徹底的に語りかけました。

使命には数字もつけました。すると、仕事のノリが変わりました。社員一人ひとりが勝手に考え出し、行動するようになりました。タスクは下ろさない、使命を下ろす。それが今の僕の方針です。西郷隆盛もそうでした。彼の伝記もコロナ禍中に読みましたが、一番学んだのは始動力です。指導でなく始める力。西郷さんがいると、始まるんですよ。

メンタルエラーの間、僕は会社をたたもうと思っていました。作家さんのリストを自費出版の会社に譲ろう、作家さんが路頭に迷わないよう、きちんとした会社に譲ろう。そんなことを思っていました。そのころ同時に感じたのは、個々人が発信することの価値が上がっているということでした。

コロナ禍でわかった、情報の「嘘くささ」と「違和感」

コロナ禍でメンタルエラーを起こした人が、僕もそうですが、とても多かった。それに対し、世の中が求めた処方箋はセミナーとか自己啓発とかそういった即席の情報でした。結果、どうなったかというと、状態はむしろ悪化したと思っています。

やはり必要なものは、無駄なものなのだと思っています。「人と人とのつながり」とか「思いやり」とか言いますが、何ということのない人間に興味を持つ、それが人にとってとても重要な時代になったと思うんです。他人から見たら一見価値がないようなことを文字にして印刷して本にする。そういう人ってすごく面白いし、そういう人に興味を持つってとても大事なことだと、時代が求めていると感じます。これはつまり、僕が取りつかれていた自費出版の可能性がますます重要になるということ。その感覚はこの間ずっとあり、今、ますます強くなっています。

セミナーとか自己啓発って結局、「近道を通って得する」ためのものですよね。そういうものを求めるマインドはまだまだ世の中に跋扈《ばっこ》しています。でもコロナ禍の3年間、死生観を変えるような体験を相当な人がしました。そういう体験をして、近道とか得とかそういうものを嘘くさく感じるようになった人も多いと思います。代わりに何が欲しいかはわかっていなくても、違和感のようなものは芽生えているのではないでしょうか。

コロナ禍になる前、うちは分の悪い会社でした。派手であればあるほどいいスタートアップという風潮の中で、うちの会社は自費出版、電子で本を残すという理想は立派かもしれないけど、しょせんは作家のあがりをかすめ取っているだけ。そんなふうに思われがちでした。「心」より「お金」の派手さに誰もが価値を感じていたのだと思います。それがコロナ禍を過ごして、お金の派手さがカッコ悪いという風潮が出てきた。めちゃくちゃお金を持っているYouTuberってなんかダサい。そういう感じが急速に広がっていると思います。

〝情報〟ではなく〝無駄〟が求められている時代

僕自身、コロナ禍を経てYouTubeとかTikTokを見ていられない気持ちになりました。

TikTokやYouTubeの情報は浅すぎてしんどい。情報が自分のところに来る前に溶けてしまう。感覚的な表現ですが、そんな感じです。

書籍を要約するYouTube動画は少し前まで100万回再生されるものもありましたが、いまでは6万〜7万回再生に下がっています。YouTubeは格闘技などがメインになってきている。情報が溶ける感じがばれてきているからだと思います。

インスタグラムにも読書系インフルエンサーがいますが、自己啓発本ばかり読んでいる人が多いんです。僕はコロナ前からインスタグラムをやっています。それはただ読んだ本とか思ったことを自分に語るように書いているだけなのですが、反応が前よりずっといいんです。この前は『葉隠』（江戸時代中期に書かれた武士の心得をまとめた本）を紹介したのですが、「買いました」「他も教えてください」というメッセージが来ました。道元の『正法眼蔵』を紹介したら「私は間違っていないと気づきました。ありがとうございます」とお礼のメッセージが来ました。子どもを学校に行かせず、ホームスクーリングで育てている女性でした。僕の言葉で言うなら、情報でなく無駄。そういうものが求められているとすごく感じます。

僕が今、取り組んでいるのが「百折不撓《ひゃくせつふとう》」というプロジェクトです。企業情報をSNS

ではなく、その上にある最上級の場で発信できる仕組みを作りたい。そう思っています。プロのジャーナリストがインタビューをし、それを読みやすい文章にし、プロの編集者とプロのデザイナーが美しい本にする。自費出版ですが、お金を払うことは覚悟であり、結果として商業出版にも引けをとらない崇高なものを発信できる。そういう出版革命をめざすプロジェクトです。

他人に対して、何かを真面目に語ることが求められ始めている、そんな今だから必要なプラットフォームです。活字という上質なフィルターを通して新たな価値を創出したいと思います。

今は会社の体制も整いました。僕は経営をしてはいるけど、それ以外のこともいろいろできています。何かをしていれば思いつく。そして、僕が面白いと思ったことが利益になる。その自信は持っています。

あなたの知《し》らない
意外《いがい》とイケてる
起業家《きぎょうか》の告白《こくはく》

百折不撓《ひゃくせつふとう》編集委員会《へんしゅういいんかい》

2024年5月14日　第1刷発行

発行者　寺田俊治
発行所　株式会社　日刊現代
〒104-8007 東京都中央区新川1-3-17 新川三幸ビル
電話03-5244-9620
発売所　株式会社　講談社
〒112-8001 東京都文京区音羽2-12-21
電話03-5395-3606
企画　株式会社 22世紀アート
表紙／本文デザイン　フロッグキングスタジオ
編 集　株式会社 テックベンチャー総研
編集協力　土橋水菜子、夏野久万、コクブサトシ、
筒井永英、矢部万紀子／梶原麻衣子
校 正　溝川 歩
DTP　ヴァーミリオン
印刷所／製本所　株式会社 KPSプロダクツ

定価はカバーに表示してあります。

落丁本・乱丁本は、購入書店名を明記のうえ、日刊現代宛にお送りください。送料小社負担にてお取り替えいたします。

なお、この本についてのお問い合わせは日刊現代宛にお願いいたします。


ISBN978-4-06-535916-7